西索新语

——马克思主义新闻观进校园

樊娟 ■ 主编

上海交通大学出版社
SHANGHAI JIAO TONG UNIVERSITY PRESS

内容提要

马克思主义新闻观是随着时代变化而不断发展的动态理论。本书以上海外国语大学新闻传播学院的马克思主义新闻观教育为典型案例,结合理论思考和实践探索,详细阐述了马克思主义新闻观形成与发展的时代背景,系统梳理了马克思主义新闻观的内容要义,深度分析了我国高校马克思主义新闻观思想政治教育过程中面临的现实问题。全书分五章进行具体论述,分别为"党建工作融入马克思主义新闻观教育的必要性""增强马克思主义新闻观教育的意义""马克思主义新闻观教育的维度""高校马克思主义新闻观教育的西索路径"以及"高校马克思主义新闻观教育的西索实践"。

本书旨在对当前高校的思政教育进行深层次剖析,将马克思主义新闻观理论与思政教育有机融合起来,从鲜活的实际案例中总结提炼出符合中国新时代背景,顺应未来教育趋势的高校马克思主义新闻观教育的实现路径。

图书在版编目(CIP)数据

西索新语:马克思主义新闻观进校园 / 樊娟主编.
—上海:上海交通大学出版社,2022.7
ISBN 978-7-313-26670-5

Ⅰ.①西… Ⅱ.①樊… Ⅲ.①马克思主义-新闻学-研究 Ⅳ.①A811.67

中国版本图书馆 CIP 数据核字(2022)第 041104 号

西索新语——马克思主义新闻观进校园
XISUOXINYU——MAKESIZHUYI XINWENGUAN JINXIAOYUAN

主　　编:樊　娟
出版发行:上海交通大学出版社　　　　　　地　　址:上海市番禺路 951 号
邮政编码:200030　　　　　　　　　　　　电　　话:021-64071208
印　　刷:上海锦佳印刷有限公司　　　　　经　　销:全国新华书店
开　　本:710mm×1000mm　1/16　　　　印　　张:8.25
字　　数:106 千字
版　　次:2022 年 7 月第 1 版　　　　　　印　　次:2022 年 7 月第 1 次印刷
书　　号:ISBN 978-7-313-26670-5
定　　价:69.00 元

编　委　会

主　编　樊　娟

编　委　郑涵一　张佳琳　徐蕴宸

　　　　金恬恬　于　洋

前　言

上海外国语大学新闻传播学院积极推进习近平总书记关于党的宣传思想工作的系列重要论述进教材、进课堂、进学生头脑，发挥学校学科特色和专业优势，推进党建与业务高度融合，致力于"创新党建形式、搭建多元平台、讲好中国故事"，聚焦立德树人，努力培养政治立场坚定、国际知识丰富、外语水平突出、传播实践能力过硬的新闻传播专业人才。

2019年2月，上海市委宣传部与上海外国语大学签署共建新闻传播学院协议，充分发挥高校的学科优势，解决新闻传播领域的现实问题，为上海国际传播能力建设提供智库服务。为进一步推进马克思主义新闻观学习，学院以多元党建团队为指导，发挥党建思想引领作用，将党建工作与思政工作、学科建设、教学科研、人才培养、师资队伍、社会服务等紧密结合，形成党建有效引领的"块面耦合"长效机制。在上海市委宣传部支持下，学院将马克思主义新闻观引领新闻传播教学实践与"四史"教育学习相结合，组建师生实践团队走出校园，走向基层。学生结合专业所学知识，通过微视频方式记录和传播红色记忆，传递红色精神，使社会实践成为一堂生动的党课。

本书以上海外国语大学新闻传播学院开展马克思主义新闻观教育为案例，阐述马克思主义新闻观教育在高校人才培养过程中的重要意义，将理论思考与实践探索相结合，提炼出新时代高校马克思主义新闻观教育的实践路径。

衷心感谢上海市委宣传部对上海外国语大学新闻传播学院在教学、科研和学科建设等各方面的大力支持和帮助！

本书编委会

2022年1月

目　录

第一章

——★——★——★——

党建工作融入马克思主义新闻观教育的必要性

马克思主义新闻观是动态发展的。马克思主义新闻观是马克思从实践中总结出来的对新闻现象和新闻传播活动的总的看法①,它也称"马克思主义新闻传播思想"。马克思主义新闻观的初始形态是马克思和恩格斯关于新闻传播活动的总观点,是马克思和恩格斯在他们所处的特定历史时代下,所提出的关于新闻现象和新闻传播与发展的总看法、总观点,是无产阶级政党发展新闻事业的基本遵循。

第一节 马克思主义新闻观与党建工作的关系

一、马克思主义新闻观概述

(一)马克思主义新闻观的概念

马克思终其一生将革命实践同新闻实践紧密结合。自青年时期开始,马克思便长期从事新闻媒体工作,先后参与创办了多家报纸以及出版了许多富有战斗性的小册子,如《莱茵报》(1842 年)、《前进报》(1844 年)、《德意志—布鲁塞尔报》(1847 年)、《新莱茵报》(1848—1849 年)、《纽约每日论坛报》(1852—1861 年)等。马克思的哲学革命和新闻观正是在这些宝贵的工

---

① 柴璐.马克思主义新闻观,谈的是什么?［N/OL］.人民日报,2014－03－10.

作经历中孕育而生。

随后,列宁等国际共产主义运动的领袖们在进行共产主义革命斗争的过程中,把物质实践(建党实践、革命实践、建设实践等)与新闻实践紧密结合。他们分别根据各自的斗争环境和不断变化的国际形势,创新性地继承和发展了马克思的新闻传播思想,尤其注重同本国实际相结合,将马克思的新闻传播思想本土化。在中国,毛泽东、邓小平、江泽民、胡锦涛和习近平等无产阶级革命家、领导人们,时刻遵循马克思主义及新闻观发展史的基本规律,根据中国的具体国情,以及新的国际环境和新闻传播环境,在实践中不断丰富和完善了马克思的新闻传播思想,并最终将其形成一个科学的理论体系,即"马克思主义新闻观"。

总的来说,马克思主义新闻观是马克思、恩格斯以及中国无产阶级革命家们对新闻传播一般规律的概括和总结;是马克思主义思想的立场、观点和方法在新闻传播学领域、新闻宣传舆论工作中的根本体现,包括基本理论和基本方法。用马克思主义新闻观来指导当代中国的新闻教育和新闻实践,有助于科学地、正确地反映客观世界。

(二)马克思主义新闻观的基本原则

马克思主义新闻观内涵丰富,其具体内容是动态的,是一种随着时代变化而富有新特色的新闻思想。根据范敬宜和李彬撰写的《马克思主义新闻观十五讲》一书,马克思主义新闻观的核心内容主要包括以下几点:

一是新闻、新闻事业有着鲜明的意识形态属性,这是马克思主义新闻观的理论前提、首要基本原理,其他原理均由此产生。这实际上是明确了新闻和新闻事业的属性,为其划分了所属领域及其影响范围。

根据唯物论的观点,新闻是对社会现实和客观世界的反映,是用思想和精神塑造而成的新的教育工具,是强有力的宣传武器。马克思主义的新闻传播理论可使人感受一种无形的思想力量,这种思想力量不仅超越了阶级,还超越了国家和社会,融入整个人类发展的进程中。

二是党性原则,党性原则是马克思主义新闻传播思想的根本原则。坚持新闻和传播的无产阶级党性原则,马克思主义的新闻宣传、新闻工作就有了根本的章法。列宁曾发表多篇文章论述了党性问题。党性,即党的观念或意识。列宁在文章中明确提出衡量党性的三条标准,即党的纲领、党的策略和各国无产阶级联盟的全部经验(组织经验)。符合这些的言行是具有党性的,不符合这些的言行是违背党性的。

党性是阶级性的最高而集中的彻底表现,而中国共产党的党性,来源于无产阶级的阶级性,来源于科学社会主义思想。这就突出强调了新闻事业要为党服务、为人民服务的原则。中共历届领导人的舆论思想中都突出了"新闻工作必须坚持党性原则"。

毛泽东多次强调党性问题,他要求:"抓紧对通讯社及报纸的领导,务使通讯社及报纸的宣传完全符合于党的政策,务使我们的宣传增强党性[①]。"邓小平强调,党报党刊一定要无条件地宣传党的主张,要与党中央保持高度一致,做好宣传工作[②]。江泽民更是首次提出"喉舌论",明确指出"我们国家的报纸、广播、电视等是党、政府和人民的喉舌。这既说明了新闻工作的性质,又说明了它在党和国家工作中的极其重要的地位和作用"[③]。胡锦涛的"科学发展观"思想也在宣传思想工作方面有所体现,他指出"要把坚持新闻、宣传的党性原则建立在尊重宣传规律的基础上"[④]。近年来,关于新闻舆论工作,习近平也相继提出了一系列新思想、新观点和新要求。习近平强调"党的新闻舆论工作坚持党性原则,最根本的是坚持党对新闻舆论工作的领导"[⑤]。

三是"实事求是"是马克思主义的思想路线,是马克思主义理论的基础

---

①　王颖.抗战时期毛泽东巧用新闻宣传利器[EB/OL].中国共产党新闻网,2016 - 02 - 02.

②　武娟.邓小平:党报党刊一定要无条件地宣传党的主张[N/OL].广安日报,2019 - 06 - 26.

③　郑保卫.经典文献,历史镜鉴——重温 30 年前三篇新闻工作重要讲话[J].青年记者,2019(34):36 - 42.

④　叶华林.以科学发展观为统领　扎实推进宣传思想工作[EB/OL].中国共产党新闻网,2008 - 04 - 01.

⑤　李源,秦华.习近平在党的新闻舆论工作座谈会上强调:坚持正确方向创新方法手段 提高新闻舆论传播力引导力[N/OL].人民日报,2016 - 2 - 20.

原理和方法论。马克思主义时刻强调客观和公正,马克思主义新闻观也是如此。"实事求是"是追求真理的过程,只有坚持实事求是,社会主义新闻宣传才能正确地反映客观世界,从而影响客观世界。同时,坚持实事求是也是维护新闻本身,维护新闻机构以及新闻事业。

真实是新闻的灵魂,新闻五要素中就重点强调了真实性。"实事求是"这四个字包含了新闻传播过程中的两个重要环节:实事即事实,求是即表达。新闻舆论坚持实事求是,这和马克思主义对客观、公正的认识高度符合。刘少奇就曾在1956年对新华社提出要求,"新华社要成为世界性通讯社,新华社的新闻就必须是客观的、真实的、公正的、全面的,同时必须是有立场的"。

马克思把舆论视为"一般关系的实际的体现和鲜明的表现"。舆论是对政治权力和政治人物普遍制约的力量,是立法、司法和行政进步的主要动力,也是一种广泛而有效的社会监督。舆论使公众对社会上有争议的问题形成大体相同的言论,具有倾向性。在马克思主义理论意识形态国家里,新闻舆论事关党和国家的安危,事关人民的福祸,因此,必须把握正确的舆论导向。

1994年江泽民明确提出"我们的宣传思想工作,必须以科学的理论武装人,以正确的舆论引导人,以高尚的精神塑造人,以优秀的作品鼓舞人",并强调宣传思想战线要正确地把握形势,宣传好党的方针政策,坚定不移地在政治上和党中央保持一致[1];习近平也在党的新闻舆论座谈会上强调,"新闻舆论工作各个方面、各个环节都要坚持正确的舆论导向[2]""做好党的新闻舆论工作,事关旗帜和道路,事关贯彻落实党的理论和路线方针政策,事关顺利推进党和国家各项事业,事关全党全国各族人民凝聚力和向心力,事关党

---

[1] 师霞.新时期思想宣传工作的指导方针是什么?[EB/OL].中国共产党新闻网,2021-08-09.

[2] 王小玉.如何理解新闻舆论工作各个方面、各个环节都要坚持正确舆论导向?[EB/OL].中国记协网,2020-04-08.

和国家前途命运①"。

因此,保持对新闻舆论具有鲜明的意识形态属性的清醒认知,全面了解意识形态传播与渗透的意义,坚持党性原则,坚持实事求是,坚持正确的舆论导向是一切新闻工作的准则。

二、党建新闻宣传是党建工作的关键一环

(一)党建工作的内涵

党建即党的建设,指党在不同时代、不同情况下,为保持自己的性质而进行的一系列自我完善的工作。目前党建工作的内容为全面推进党的政治建设、思想建设、组织建设、作风建设、纪律建设,把制度建设贯穿其中,深入推进反腐败斗争,不断提高党的建设质量。党建工作具有鲜明的党性和实践性。党建工作的主线是加强党的长期执政能力建设、先进性和纯洁性建设。党建工作的目的是坚持和加强党的全面领导。

党的建设工作是对马克思主义党建学说的应用,是马克思主义党建理论同党的建设实践的统一。马克思主义党建学说是由马克思、恩格斯共同创立,科学地阐释无产阶级政党的组织、运作、领导和执政,集中研究解决"为什么要建党、建设一个什么样的党、怎样建设党"等基本问题的一套党建思想体系。

重视和加强党的建设是中国共产党的优良传统和宝贵经验。中国共产党自成立以来,之所以能够从小到大、由弱到强,带领中国人民不懈奋斗,取得民族独立、人民解放,实现国家富强、人民幸福的一个重要原因就在于不断加强党的建设,充分发挥党的领导核心作用、基层党组织的战斗堡垒作用和广大党员的先锋模范作用。改革开放以来,我们党紧密结合国际国内的形势发展,紧紧围绕党的中心工作,按照推进党的建设新的伟大工程的要

---

① 韩建平.人民日报社论:担负起新闻舆论工作的职责和使命[EB/OL].新华社,2016-02-19.

求,全面加强和改进党的思想建设、组织建设、作风建设、制度建设和反腐倡廉建设,不断提高党的创造力、凝聚力和战斗力,不断提高党的领导水平和执政能力、提高拒腐防变和抵御风险的能力,使党的建设出现了与时俱进、蓬勃发展的新局面。

(二)做好党建新闻宣传工作的必要性

无产阶级革命家、政治家张闻天同志(曾用名,洛甫)在《党的宣传鼓动工作提纲》中对党的宣传工作和组织工作的关系作出了解释,他提到"宣传鼓动工作与组织工作对我党都是同样重要的"。宣传工作是党建工作的喉舌和利剑,党建宣传是强化党的执政领导地位的关键一环。做好党建工作的宣传,不仅有助于提高人民的政治觉悟,而且对于营造良好的舆论氛围助推党建工作顺利进行具有重要意义。

新闻舆论是党建宣传工作的重要内容,党建宣传工作属于党的新闻舆论工作。习近平总书记曾在《把握好新闻工作的基点》一文中提到,"新闻学作为一门学科,与政治的关系很密切"①,新闻工作党建的落脚点就体现在新闻宣传方面。马克思主义新闻观将新闻传播事业划分为意识形态领域,新闻舆论有助于强化、扩展以及传播意识形态。人心是最大的政治,舆论是强有力的武器。堡垒总是从内部攻陷的,思想防线被攻破,其他防线就很难守住。因此,守住舆论思想防线,做好党的新闻舆论工作极其重要。《习近平新闻思想讲义》一书中,强调了党的新闻舆论工作的重要性。他说,"做好党的新闻舆论工作,营造良好舆论环境,是治国理政定国安邦的大事,事关旗帜和道路,事关贯彻落实党的理论和路线方针政策,事关顺利推进党和国家各项事业,事关全党全国各族人民凝聚力和向心力,事关党和国家前途命运。要深刻认识新闻舆论工作在党和国家事业发展中的重要作用,把新闻舆论工作放在坚持和发展中国特色社会主义这场伟大社会革命中谋划推

①　季为民.人民日报:构建新时代中国特色新闻学正当时[N/OL].人民日报,2018-05-28.

进,增强做好新闻舆论工作的自觉性和坚定性[①]"。

党建宣传报道是新时期保证党的先进性和纯洁性的重要机制,是党建工作的重要内容。做好党建工作的宣传,不仅要不断加强宣传力度,还要把握党建工作的新动态,注意遵守新闻宣传的规律,讲究新闻宣传的艺术,要在把握规律性和体现时代性上下功夫。中国共产党在长期的革命、建设和改革的过程中不断将马克思主义与中国实践相结合,在伟大实践中形成了宝贵的经验,这其中蕴含着党的指导思想、奋斗目标、纲领路线、组织纪律、工作作风、行为规范等一系列价值遵循。因此,新闻舆论必须充分发挥出教育工具和宣传武器的作用,努力宣传好这些宝贵财富并将其推动转化为新时代继续前进的动力。随着时代的发展,党建宣传工作同样需要创新发展、与时俱进,需要新思路、新载体、新手段来持续推进,从而挖掘价值彰显优势,不断取得新成效。

三、党建宣传要牢牢坚持马克思主义新闻观

从事党建宣传工作要突出一个"正"字。做好党建宣传工作的第一要务就是把握正确的政治方向,树立正确的价值导向。对于新闻媒体而言,就是要树立正确的新闻观。新闻观是新闻舆论的灵魂,做好党建宣传报道关键是要"牢牢坚持马克思主义新闻观""要把马克思主义新闻观作为党的新闻舆论工作的'定盘星'[②]"。因此,马克思主义新闻观是党建工作的重要内容。党建宣传工作必须时刻践行马克思主义新闻观,遵循"团结稳定鼓劲、正面宣传为主"的基本方针,承担起党的新闻舆论工作的职责和使命。

关于党的新闻舆论工作的职责和使命,习近平总书记也给出了详细的解释。他指出:"在新的时代条件下,党的新闻舆论工作的职责和使命是:高

---

① 高雷,李源.习近平谈新闻舆论工作:治国理政、定国安邦的大事[EB/OL].中国共产党新闻网,2016-11-08.

② 田旭东.把马克思主义新闻观作为党的新闻舆论工作的"定盘星"[N/OL].内蒙古日报,2018-05-28.

举旗帜、引领导向,围绕中心、服务大局,团结人民、鼓舞士气,成风化人、凝心聚力,澄清谬误、明辨是非,联接中外、沟通世界。①"同时,习近平还用"四个牢牢坚持",为新闻舆论战线不负重托、履职尽责指明了努力方向,即"必须把政治方向摆在第一位,牢牢坚持党性原则,牢牢坚持马克思主义新闻观,牢牢坚持正确舆论导向,牢牢坚持正面宣传为主②"。

新闻舆论工作处于意识形态斗争的最前沿,新闻媒体作为新闻传播的主导者,肩负着提升新闻舆论传播力和引导力的重要职责。在社会主义国家,新闻媒体是党和人民的喉舌,又是党在意识形态领域的重要阵地。因此,新闻媒体一定要旗帜鲜明地坚持马克思主义新闻观、抵制非马克思主义思潮,坚持巩固壮大主流思想舆论,激发形成全社会团结奋进的强大力量。具体来说,新闻媒体不论在选题策划还是编稿写稿方面,都要把出发点和落脚点放在坚持党的领导,深刻领悟和宣传党的光荣传统和优良作风,坚持解放思想、与时俱进,理直气壮地为宣传党的建设奏响主旋律、发出最强音。新闻媒体的党建永不枯竭的活力源泉正在于此。

第二节　马克思主义新闻观是思想政治教育的重要内容

我国高度重视思想政治教育,尤其重视对青少年群体开展思想政治教育工作。梁启超云:少年强,则国强。习近平总书记也多次强调,青少年是祖国的未来、民族的希望。青少年时期是价值观养成最重要的时期,青少年的价值观就是未来社会的价值观,因此青少年的思想政治教育必不可少。良好的思想政治教育可以从各方面引导广大青少年,帮助他们树立坚定的理想信念,培养起正确的价值观。

---

① 张僖雅,袁勃.总书记新闻舆论金句——新时代党的新闻舆论工作的职责和使命[EB/OL].人民网,2019-12-19.
② 李洁琼.指导做好新形势下党的新闻舆论工作的纲领性文献[EB/OL].新华社,2016-02-29.

2019年3月18日,习近平总书记在学校思想政治理论课教师座谈会上发表重要讲话。总书记指出,"我们党立志于中华民族千秋伟业,必须培养一代又一代拥护中国共产党领导和我国社会主义制度、立志为中国特色社会主义事业奋斗终身的有用人才。在这个根本问题上,必须旗帜鲜明、毫不含糊①"。总书记的讲话,高屋建瓴地阐明了做好思想政治教育的重要性和深远意义,也为如何进行思想政治教育明确指路。习近平总书记强调,"在大中小学循序渐进、螺旋上升地开设思想政治理论课非常必要,是培养一代又一代社会主义建设者和接班人的重要保障②"。

一、加强高校思想政治教育的重要性

习近平总书记强调,"思想政治理论课是落实立德树人根本任务的关键课程。青少年阶段是人生的'拔节孕穗期',最需要精心引导和栽培③";"我们办中国特色社会主义教育,就是要理直气壮开好思政课,用新时代中国特色社会主义思想铸魂育人,引导学生增强中国特色社会主义道路自信、理论自信、制度自信、文化自信,厚植爱国主义情怀,把爱国情、强国志、报国行自觉融入坚持和发展中国特色社会主义事业、建设社会主义现代化强国、实现中华民族伟大复兴的奋斗之中。思政课作用不可替代④"。

(一)思想政治教育有利于帮助高校学生树立正确的思想观念

习近平总书记明确指出:"要用好课堂教学这个主渠道,使各类课程与思想政治理论课同向同行,形成协同效应"。⑤ 思政教育能够为学生提供全面发展的指导,有利于帮助青少年树立正确的世界观、价值观和人生观,塑

---

① 王永祥.「每日一习话」培养一代又一代社会主义建设者和接班人[EB/OL].央广网,2020 - 09 - 04.

② 人民日报评论员.把思政课办得越来越好——论学习贯彻习近平总书记在学校思政课教师座谈会上重要讲话[EB/OL].新华社,2019 - 03 - 19.

③ 吴晶,胡浩.习近平:用新时代中国特色社会主义思想铸魂育人 贯彻党的教育方针落实立德树人根本任务[EB/OL].新华社,2019 - 03 - 18.

④ 习近平.思政课是落实立德树人根本任务的关键课程[EB/OL].新华社,2020 - 08 - 31.

⑤ 刘新跃.协同推进各类课程与思政理论课同向同行[N/OL].安徽日报,2017 - 05 - 02.

造积极健康的人格。做好思想政治教育,可以最大限度地发挥青少年群体的主观能动性,可以最大限度地挖掘青少年群体的内在潜能。

进入 21 世纪后,随着经济的不断发展,对外开放程度的不断提高,社会思潮呈现出多变趋势,社会转型的速度加快。在这样的社会大环境下,很容易滋生功利主义(唯功利化倾向)和拜金主义(金钱崇拜或金钱至上)等错误的思想观念。因此,帮助青少年群体树立正确的理想信念和思想观念十分重要。思想政治教育能够以社会主义核心价值体系为引领,积极地引导社会思潮走向,潜移默化地影响青少年群体的思维观念,帮助青少年树立正确的价值观体系,不断地培养出有责任、有担当、有本领的优秀青年人。

(二)思想政治教育有利于强化党的领导

人民群众是党执政的基础,也是党的力量源泉和胜利之本。人民群众的科学文化修养和思想道德修养的水平高低,会直接影响到党的工作和党的发展。青少年是未来建设中国特色社会主义的主力军,是党组织储备人才的重要来源。因此,从教育入手,提升人才素质十分重要。我们要通过思想政治教育,引导广大青少年在思想上与党保持高度一致,帮助青少年树立与人民、与祖国、与党同呼吸共命运的理想信念。不忘初心,牢记使命,把个人理想与祖国命运联系起来,逐渐成长为社会主义事业合格的建设者和接班人。从长远来看,这样有利于强化党的领导,巩固党的执政地位。

二、我国高校思想政治教育面临的问题

(一)高校对思想政治教育的重视程度有待提高

学校是进行思想政治教育的主阵地,发挥着到头重要的作用。从我国现阶段学校教育的实际情况来看,高校对思想政治教育的认识仍存在一定的偏差。很多学校把教学任务和培养学生的专业知识作为教学工作中的首要目标,对思想政治教育工作还不够重视。这反映在很多学校的课程设计上,思想政治教育课程所占的比例很小。短暂的课堂时间其实很难吸引学生的高度注意,因此很多学生对于思想政治教育都缺乏系统性的认识。在

很多学生心目中,思想政治教育课程只是"副课",从内心深处抵触此类课程。

(二)部分高校的思想政治教育缺乏创新活力

虽然我国的思想政治教育体系在长期的实践中已经逐步完善,但是整体的思想政治教育仍面临着缺乏创新活力的困境。当前,学校的思想政治教育主要是通过开设思政课程的方式进行的。这些课程也大多是以传统的方式开展的,即教师灌输式,学生的主观能动性很难充分发挥出来。部分学校虽会通过开展相关活动来进行思政教育,但这些活动也存在着模式化和形式化的问题,在当下这个信息碎片化的时代,人们的生活节奏基本都进入"二倍速"模式。继续沿用传统的填鸭式、灌输式方法开展思想政治教育,显然行不通,甚至会带来反作用。如今青少年习惯使用电子产品,习惯从互联网认识世界、了解世界,也习惯了科技进步带来的快速高效的生活。在这样的客观实际下,推动高校思想政治教育的改革创新至关重要。

三、马克思主义新闻观是思想政治教育的组成部分

马克思主义新闻观是在丰富的中国特色社会主义新闻实践的基础上总结升华的中国特色社会主义新闻理论体系,是当代中国新闻理论创新的结晶。针对当前我国思想政治教育的现状,思想政治教育改革创新势在必行。在学校思想政治理论课教师座谈会上,习近平总书记明确提出了推动思政课改革创新的重要目标,深入阐释了必须坚持的重要原则。习近平总书记强调:"推动思想政治理论课改革创新,要不断增强思政课的思想性、理论性和亲和力、针对性[1]"。开展思想政治教育,必须紧跟时代的步伐,坚持理论创新和方法创新相结合,将马克思主义新闻观纳入思想政治的教育进程中来。符合与时俱进,不断创新的客观规律。将马克思主义新闻观融入思想政治教育是我国思想政治教育实现改革创新的必然选择。

---

[1]　李张光.高校思政课改革创新 提高思想性、理论性和亲和力、针对性[EB/OL].中央纪委国家监委网站,2020 - 03 - 03.

（一）马克思主义新闻观助推思想政治教育更有实效

随着信息通信技术以及互联网技术的发展，新闻媒体发展迅速，推送新闻的媒介越来越多。媒介的多样化一方面给信息传播提供了便利，另一方面也给社会带来了"舆论嘈杂"的负面影响。青少年作为新时代的主人，接触新兴媒介的时间和机会都大幅增加。然而这些新媒介所推送的新闻和所传达的信息质量良莠不齐，有很大一部分的新闻是为了博取眼球而被生产出来的虚假新闻、垃圾新闻。这些"信息垃圾"混淆了青少年的思想认知，影响了青少年健康成长。

马克思主义新闻观是新闻舆论工作的"定盘星"。牢牢坚持马克思主义新闻观，就能牢牢把握住舆论的正确方向，帮助我们自动过滤掉"信息垃圾"。把马克思主义新闻观融入思想政治教育，有利于把握正确的舆论导向，有利于提升思想政治教育的实效。传统思政课程浮于形式，老套生硬，只能在表面上固化青少年的思想观念，并不能从根本上规范思想政治教育，学生们很难真正从课堂中产生系统的思想认知。而马克思主义新闻观能够通过渗透青少年日常接触的各类新闻媒体中，帮助青少年通过他们最熟悉的方式，如在使用电子设备的过程中，从辩证唯物主义的角度去甄别各种各样的新闻报道和信息，建立起更加完善的思想政治体系。因此，将马克思主义新闻观融入思想政治教育，能够助推思想政治教育对青少年群体的实效。

（二）马克思主义新闻观是思想政治教育的重要理论支撑

习近平总书记指出，"党中央对思想政治工作高度重视，始终坚持马克思主义指导地位，大力推进中国特色社会主义学科体系建设"[①]。马克思主义新闻观，特别是当代马克思主义新闻观中国化的最新成果，即习近平关于宣传思想工作和新闻舆论工作的一系列重要论述，具有鲜明的实践性和强大的生命力。马克思主义新闻观是我们党带领人民在革命、建设和改革的

---

① 吴晶，胡浩.习近平主持召开学校思想政治理论课教师座谈会，强调用新时代中国特色社会主义思想铸魂育人，贯彻党的教育方针，落实立德树人根本任务[EB/OL].新华社，2019－03－18.

过程中锻造出来的革命文化和社会主义先进文化,是中国特色社会主义理论自信和文化自信的重要来源。因此,马克思主义新闻观可以为思政课建设提供有力的理论支撑。把马克思主义新闻观融入思想政治教育,既丰富了思想政治教育的内容,又为思政课建设提供了理论层面的深厚力量。

第三节　马克思主义新闻观是新闻人才培养的价值导向

习近平总书记在全国宣传思想工作会议上强调,经济建设是党的中心工作,意识形态工作是党的一项极端重要的工作。新闻舆论工作属于意识形态领域的最前线,因此党的新闻舆论工作是党的工作的重要组成部分。在党的新闻舆论工作座谈会上,习近平指出:"新闻观是新闻舆论工作的灵魂。要深入开展马克思主义新闻观教育,引导广大新闻舆论工作者做党的政策主张的传播者,时代风云的记录者,社会进步的推动者、公平正义的守望者。[①]"

党和国家在新时代里高度重视新闻舆论工作,提出深入开展马克思主义新闻观教育的新要求。因此,在新的历史条件下,以马克思主义新闻观为指导,培养出更多优秀的新闻人才,打造出"党和人民放心的新闻舆论工作队伍"至关重要。

一、我国新闻舆论环境和新闻人才队伍现状

随着当今世界经济格局和政治格局的深刻变化,世界媒体格局和新闻舆论格局也在不断更新变革,呈现出许多新模式、新特征,其中最为明显的变化有两个。第一,由少数大国完全垄断和主导的"一国独大"的国际新闻舆论传播旧体系和媒体旧格局正在被逐渐松动和瓦解。如今,世界开始形

[①]　李源,秦华.习近平在党的新闻舆论工作座谈会上强调:坚持正确方向创新方法手段 提高新闻舆论传播力引导力[EB/OL].中国共产党新闻网,2016-02-20.

成"百家争鸣"和"新兴传播国家群体崛起"的新体系和新格局。第二,新闻媒体事业同互联网事业紧密融合。20世纪末互联网技术出现,以此为标志和契机,整个人类社会都经历着巨大的变革,这场变革也波及了世界新闻传播领域。各类新兴媒介如雨后春笋般涌现,原有的新闻传媒环境迅速发生改变,传统的世界媒体格局也搭上了互联网的"快车"。在当下这个信息化时代和媒介化社会中,新闻舆论对于一个国家的政治、经济、文化以及社会生活的方方面面都产生着重要影响。在国际社会中,围绕新闻舆论和意识形态的斗争也越来越激烈。

习近平总书记在党的新闻舆论工作座谈会上说,要"加快培养造就一支政治坚定、业务精湛、作风优良、党和人民放心的新闻舆论工作队伍"[1],并明确要求新闻工作者"努力成为全媒型、专家型人才"[2]。新闻舆论事业肩负着重要的使命和职责,新闻媒体从业人员必须以良好的政治素质和业务素质投入到新闻舆论工作中来。总体看来,目前我国的新闻舆论队伍是一支专业水平高、能吃苦耐劳、作风优良、经得起实践考验的优秀队伍。但是,依然存在少部分由于缺乏马克思主义新闻观教育,马克思主义新闻观的理论根底不牢固,缺乏政治考验和实践锻炼的人。尤其是在市场经济的大环境下以及新兴媒体依托飞速发展的互联网技术不断崛起的时代背景下,他们对党的新闻舆论工作的优良传统领会过浅,容易受到各种社会思潮的影响,其中包括资本主义社会的文化思潮和新闻观的影响,以至于不能做到时刻坚守正确的政治方向。

从目前我国新闻舆论队伍存在的一些问题看来,要顺利完成打造出"党和人民放心的新闻舆论工作队伍"的使命和任务,我们仍在路上,还须继续付出极大的努力。因此,根据现实需求开展马克思主义新闻观学习教育活动,加强新闻舆论队伍思想建设工作势在必行。

---

① 南方日报评论员.培养造就党和人民放心的新闻舆论工作队伍[EB/OL].新华社,2016 - 02 - 25.

② 张泽月.为什么要努力成为全媒型、专家型新闻舆论工作者?[EB/OL].中国记协网,2021 - 06 - 08.

二、高校新闻人才培养面临的挑战

高校的新闻传播院系是培养新闻事业后备人才的摇篮,在我国,十余年来高校新闻学教育一直都保持着繁荣向上的增长态势。目前,中国新闻教育规模居世界第一。截至 2017 年,全国新闻传播本科专业点有 1 244 个,近700 所高校开办新闻传播教育,在校学生约 23 万。可以说,近年来我国高校的新闻教育在数量上实现了跨越式发展。

但是在欣欣向荣的表象下,高校新闻学教育的背后存在着一些问题。当前,我国许多高校的新闻学教育存在着专业定位不够准确,人才培养体系不够完整,教学内容和教学模式老旧过时,师资力量缺乏、师资队伍结构不合理,实训实践基地严重缺乏等"硬伤"。这些因素会导致高校难于培养出足够多的高质量新闻从业者,进而导致媒体行业的发展困境。人才培养质量下降,人才竞争力和可持续发展能力较低,无法培养出足够多的"合格"的新闻人才,无法满足当前受众对于新闻从业者的高要求。反而造成高校"供过于求",而媒体行业内"供不应求"的尴尬局面,最终因为学生们就业困难和新闻传播院系就业率低而影响到新闻学的专业声誉。高校新闻人才培养面临着巨大的挑战,这是当前高校新闻教学亟须解决的重要问题。

党和国家对于我国高校新闻学教育也十分重视。为深入贯彻习近平新时代中国特色社会主义思想和党的十九大精神,实施卓越新闻传播人才教育培养计划,2018 年教育部、中宣部下发了《关于提高高校新闻传播人才培养能力,实施卓越新闻传播人才教育培养计划 2.0 的意见》(以下简称《意见2.0》)①。

《意见 2.0》的总体思路是,"以习近平总书记关于新闻舆论工作的重要论述为指导,深入贯彻落实《中共中央关于加强和改进党的新闻舆论工作的意见》,加强和改进高等学校新闻传播专业建设,建设中国特色、世界水平的

---

① 教育部,中共中央宣传部.关于提高高校新闻传播人才培养能力,实施卓越新闻传播人才教育培养计划 2.0 的意见[EB/OL].中华人民共和国教育部,2018－10－08.

一流新闻传播专业。全面落实立德树人根本任务,坚持马克思主义新闻观,用中国特色社会主义新闻理论教书育人,培养造就一大批具有家国情怀、国际视野的高素质全媒化复合型专家型新闻传播后备人才"。《意见 2.0》的目标要求是,"经过 5 年的努力,建设一批马克思主义新闻观研究宣传教育基地,打造一批中国特色、世界水平的一流新闻传播专业点,形成遵循新闻传播规律和人才成长规律的全媒化复合型专家型新闻传播人才培养体系,培养造就一大批适应媒体深度融合和行业创新发展,能够讲好中国故事、传播中国声音的优秀新闻传播后备人才"。同时,《意见 2.0》还具体提出了高校新闻学教育和新闻人才培养的改革任务和重点举措。其中最重要的是要求各大高校要"开创马克思主义新闻观教育新局面,加强马克思主义新闻观课程建设",要"打造新闻传播人才德育新模式,强化思想引领和价值塑造,构建思想政治教育、职业道德教育、专业知识教育'三位一体'新闻传播育人体系"。

2019 年,教育部又发布了《关于实施一流本科专业建设"双万计划"的通知》①,提出 2019—2021 年建设 10 000 个左右国家级一流本科专业点和10 000 个左右省级一流本科专业点的计划。

因此,在 21 世纪这个国际社会环境和世纪媒体格局复杂多变的大环境下,高校新闻学教育必须加快改革创新。其中,最关键的就是要实现高校新闻学教育的内涵式发展。高校新闻学教育应该牢牢坚持以马克思主义新闻观为指导,以造就"党和人民放心的新闻舆论工作队伍"为人才培养目标,贯彻习近平新闻舆论工作系列论述的精神,以课程体系为平台,推动新时代新闻教育事业各方面建设,注重培养全媒体、专家式的复合型人才。

三、马克思主义新闻观对于新闻人才培养的重要性

"媒体竞争关键是人才竞争,媒体优势核心是人才优势②。"拥有一支政

---

① 教育部办公厅关于实施一流本科专业建设"双万计划"的通知[EB/OL].中华人民共和国中央人民政府,2019-04-02.
② 袁勃.总书记新闻舆论金句——媒体竞争关键是人才竞争[EB/OL].人民网,2019-11-01.

治立场坚定、专业本领过硬、报道实事求是、紧跟时代发展不断创新的新闻工作者队伍,是取胜的关键。当前世界媒体格局巨变,基于我国新闻传媒业发展的客观现实,以马克思主义新闻观为总指导,大力提高我国新闻事业从业人员的政治觉悟、道德素质和专业能力,加快打造出一大批思想过硬、视野广阔、专业精湛的新闻媒体事业人才已经时不我待。北京大学新闻与传播学院教授陆绍阳认为"新闻观是新闻舆论工作的灵魂,马克思主义关于新闻传播活动规律的总看法,是无产阶级政党领导的新闻舆论事业的指导思想和行动指南[①]"。

习近平总书记曾指出:"在人类思想史上,还没有一种理论像马克思主义那样对人类文明进步产生了如此广泛而巨大的影响[②]。"马克思主义新闻观是马克思主义思想在新闻领域的理论结晶,是马克思主义对于新闻现象和新闻传播活动的根本看法和总结。马克思主义新闻观是辩证唯物主义和历史唯物主义的世界观、方法论在新闻事业中的体现,是关系我国新闻事业兴衰成败的关键。"马克思主义新闻观具有鲜明的实践性,不但致力于新闻理论的阐释,更致力于新闻实践,努力总结时代精神和现实新闻传播的规律,回答与解决现实提出的新闻传播问题[③]。"

(一)马克思主义新闻观为新闻人才指明正确的政治方向

马克思主义新闻观始终强调共产党领导下新闻事业的政治性,指明新闻事业是党和人民的伟大事业的一个重要组成部分,新闻事业要坚持党性原则,坚持党性与人民性相统一的原则。

新闻人才需要坚持用马克思主义新闻观的系列理论和新时代中国特色社会主义新闻理论武装头脑,坚持新闻事业的党性和人民性,坚定正确的政治立场,提高自身政治观察力和鉴别力,在新闻事业的相关岗位上要牢牢把

[①]　陆绍阳.马克思主义新闻观的新发展新贡献[EB/OL].中国共产党新闻网,2018 - 07 - 16.
[②]　习近平:没有一种思想理论像马克思主义对人类产生如此广泛深刻影响[EB/OL].央视新闻,2018 - 05 - 09.
[③]　陆绍阳.马克思主义新闻观的新发展新贡献[EB/OL].中国共产党新闻网,2018 - 07 - 16.

握正确的舆论方向，传播正能量，与党和人民同呼吸共命运。马克思主义新闻观能为新闻人才指明正确的政治方向，学习马克思主义新闻观有利于培养出一大批政治立场坚定、政治信念过硬，坚持正确舆论方向的卓越人才。

(二)马克思主义新闻观帮助新闻人才树立正确的新闻志向

"铁肩担道义，妙手著文章"是新闻从业人员应当树立起的新闻志向和职业理想。新闻从业人员的新闻信念、新闻理想、新闻道德十分重要，正所谓"志不立，天下无可成之事"。只有理想信念坚定、勇担时代责任和历史使命的新闻人，才能著出好文章，书写出有意义的新闻人生。新闻人才学习和践行马克思主义新闻观，有助于培养崇高的新闻志向，提升自己的境界，从而能够真正做到讲好中国故事，宣传正能量，促进社会稳定发展，积极承担自己的使命和责任，不辜负党和人民的期望。

(三)马克思主义新闻观帮助新闻人才坚定正确的价值观取向

新闻人同党和人民站在一起，走群众路线生产新闻、传播正能量是社会主义国家发展新闻事业的客观规律和基本原则。中国共产党代表着中国最广大人民的根本利益，坚持把实现好、维护好、发展好人民的利益作为一切工作的出发点和最终归宿，时刻追求党性和人民性的高度统一。因此，坚持用马克思主义新闻观指导新闻事业，符合新闻事业发展的规律。

新闻人才自觉以马克思主义新闻观为指引，有利于帮助新闻人树立正确的价值观取向，坚持人民至上的价值追求，做到心系人民，以人民为中心，为满足广大人民群众日益增长的新闻信息需求而服务。

因此，要培养新闻人才领悟马克思主义新闻观关于新闻工作一系列基本理论观点，并积极同当前形势和现实环境相结合，追求理论价值及实践意义；要把马克思主义新闻观作为社会主义新闻工作的基本原理、原则和方法，自觉学习、自觉遵循、自觉运用；要与时俱进，推陈出新，善于运用当代马克思主义新闻观中国化的最新理论成果来指导当代的新闻实践。

第二章

————★————★————★————

增强马克思主义新闻观教育的意义

马克思主义新闻观是马克思主义理论在新闻实践中的具体体现,其思想体系随着时代的变迁而不断丰富。在百年来的发展中,中国共产党人基于马克思主义新闻观,在不断的新闻实践中总结出中国特色社会主义新闻理论体系。因此,增强马克思主义新闻观教育对于掌握我国的新闻体系至关重要。

近几年,在中国新闻学界,马克思主义新闻观越来越受到重视。有学者梳理了马克思主义新闻观的核心概念;一些学者也重新评述了马克思主义新闻观的发展历程;当然,也有学者指出高校是马克思主义新闻观教育的重要阵地。但当前的现状是,很多新闻专业学生由于自身理论功底薄弱,没有充分认识到马克思主义新闻观的指导意义,忽视了对马克思主义新闻观的学习,认为学新闻只要学习采访写稿技能就足矣。这种认识无异于只知其然而不知其所以然,不利于学生开展深入的新闻实践。因此,高校在培养新时代新闻人才的过程中有必要开展马克思主义新闻观教育,帮助学生将马克思主义新闻观入脑、入心。习近平总书记在党的新闻舆论工作座谈会上的讲话中指出,"新闻院系教学方向和教学质量如何,在很大程度上决定着新闻舆论工作队伍素质。要把马克思主义贯穿到新闻理论研究、新闻教学中去,使新闻学真正成为一门以马克思主义为指导的学科,使学新闻的学生真正成为牢固树立马克思主义新闻观的优秀人才[①]"。

---

① 杨祖恩.以习近平新闻舆论工作重要论述为指导深化新闻教育改革[EB/OL].人民网,2018-11-15.

第一节 实现思想政治教育目标

大学生是国家的未来,民族的希望,是社会主义事业的建设者和接班人。高校是培养大学生的重要阵地,而高校的思想政治教育工作者承担着培养社会主义事业建设者和接班人的重要任务。作为思想政治教育的重要组成部分,马克思主义新闻观教育的目标也旨在"育人",塑造个体的价值观。这与实现思政教育目标,即培育"有理想信念、有核心价值、有中国精神、有能力素养的大学生"相辅相成,相得益彰。

一、增强马克思主义新闻观教育,有利于坚定学生的理想信念

培育"有理想信念、有核心价值、有中国精神、有能力素养"的"四有新人"是思想政治教育目标的具体内涵。其中,坚定的理想信念犹如人生路上的指明灯,指引着学生在成长、求学过程中不为所惑,始终向着终点前进。习近平总书记曾在多个场合强调理想信念的重要性。习近平总书记在2013年同各界优秀青年代表座谈时表示:"理想指引人生方向,信念决定事业成败。没有理想信念,就会导致精神上'缺钙'。中国梦是全国各族人民的共同理想,也是青年一代应该牢固树立的远大理想①。"这也反映出思想政治教育目标融入了党中央对青年学生成长发展的殷切期待。

理想信念并不是虚无缥缈的抽象概念,而是切切实实的"主心骨"。时代变迁,观念转变,但不变的始终是中国共产党人的理想信念。实现共产主义最高理想和中国特色社会主义共同理想的坚定信念支撑着一代又一代共产党人历经艰险,为求真理而不懈奋斗。

新闻舆论工作处于意识形态斗争的最前沿,新闻事业一直是党意识形

① 闫志民.中国特色社会主义理论发展史[M].北京:人民出版社,2012:543.

态工作的重要组成部分,因此,新闻传播教育具有显著的意识形态属性。当前,各种意识形态领域斗争复杂,作为新闻专业的青年学生必须要有坚定的理想信念,正确认识中国共产党领导下的新闻事业。接受马克思主义新闻观教育,学习马克思主义,坚持党性原则,能让新闻专业学生补好精神之"钙",在面对国内外复杂的意识形态斗争时保持应有的定力。

一方面,马克思主义是坚定理想信念的强大基石。马克思主义理论是马克思主义新闻观的基本组成部分,也就是说,学习马克思主义新闻观的前提是先读懂弄透马克思主义的基本理论。毛泽东在1920年同友人的通信中指出:"主义譬如一面旗子,旗子立起来了,大家才有所指望,才知所趋赴。①"马克思主义是科学的理论,是经得起时间考验的理论。中国共产党自建党之日起就坚持以马克思主义为指导思想,坚定不移地为实现中国特色社会主义共同理想努力奋斗。

具有马克思主义新闻观的具体体现就是在办报办刊过程中强调由真正信仰马克思主义的共产党人来统领,让政治家来办报。马克思主义让一代又一代中国领导人拥有过硬的政治素质,这奠定了他们擘画中国特色社会主义新闻事业版图的理想信念。毛泽东在接受马克思主义之后,先后创办《湘江评论》《新时代》《政治周报》等报刊,并在中国革命和建设的实践中形成毛泽东新闻观,这是马克思主义新闻观中国化的第一个理论成果。作为党的第二代领导集体的核心,邓小平强调新闻工作者必须政治素质过硬,要学习马克思主义基本原理,增强运用马克思主义分析问题解决问题的能力,以便更好地教育人民、引导人民。邓小平新闻观坚持马克思主义新闻观的基本原理,进一步丰富了中国特色社会主义新闻事业。江泽民新闻观提出,新闻工作者要打好理论路线根底,坚持用马克思主义指导自己的思想和工作,对坚定新闻从业人员的理想信念作出了重要指示。随后在新的历史条件下,胡锦涛继续坚持和发展了马克思主义新闻观。他指出要增强马克思

① 丁晓平."主义譬如一面旗子,旗子立起来了"[N/OL].中华读书报,2021-04-28.

主义新闻观教育,新闻工作者必须政治强。他在 2008 年考察人民日报社时表示:"要坚持马克思主义新闻观,深化'三项学习教育'活动,引导广大新闻宣传工作者不断提高思想政治水平,增强业务本领,努力建设一支政治强、业务精、作风正、纪律严的新闻宣传队伍。"党的十八大以后,习近平先后在全国宣传思想工作会议、党的新闻舆论工作座谈会等会议上强调新闻舆论工作的重要性,指出宣传思想工作必须坚持马克思主义在意识形态领域的指导作用;同时,他的一系列论述形成习近平新闻观,即马克思主义新闻观中国化的最新理论成果。可以说,马克思主义为一代又一代中国共产党领导人构建中国特色社会主义新闻事业版图的理想信念提供了坚实的理论基石,在此基础上,马克思主义新闻观中国化的理论成果得以丰富、完善。因此,在高校马克思主义新闻观教育过程中强调马克思主义基本理论的学习,坚定学生的新闻理想,筑牢精神支柱,让他们的理想信念也能与中国特色社会主义新闻事业同频共振。

另一方面,坚持党性原则是坚定理想信念的核心。党性原则是马克思主义新闻观的一个重要原则,同时也是我国社会主义新闻事业的根本原则。从中国历代领导人的新闻宣传思想可以看出,我国的新闻事业一直牢牢坚持着党性原则。作为我国新闻传播领域的后备军,新闻专业的学生必须深刻认识到我国的媒体是党和政府的宣传阵地。因为近几年西方社会思潮的渗透,一些人认为"党管媒体"是新闻不自由的表现,建设社会主义新闻事业的理想信念出现动摇。但事实上,任何新闻事业都是有阶级性的。习近平总书记强调,党管媒体是党维护人民利益的本质要求。无论什么情况下,都要坚持党和人民的喉舌的性质不能变①。因而加强对党性原则的教育是新闻专业学生坚定建设我国社会主义新闻事业理想信念的基础环节。

---

① 别鸣.新闻建设者必须坚持党管媒体原则[N/OL].湖北日报,2013 - 05 - 07.

二、增强马克思主义新闻观教育,有利于帮助学生涵养核心价值

新时期,"有核心价值"被纳入大学生思想政治教育目标的具体内涵①。这里的"核心价值"具体指十八大提出的倡导"二十四字",即"富强、民主、文明、和谐,自由、平等、公正、法治,爱国、敬业、诚信、友善"。这二十四字分别从国家、社会和个人角度阐明大学生思政教育目标的内容范畴,集中体现了马克思主义意识形态理论,为学生形成符合国家发展、社会进步、个人全面发展需要的正确思想观念和政治方向提供指引。

马克思主义指导思想是社会主义核心价值体系的灵魂,而社会主义核心价值观又是社会主义核心价值体系的内核,因而马克思主义和社会主义核心价值观都是社会主义核心价值体系的组成部分,集中体现社会主义意识形态。我国高校是意识形态工作的前沿阵地,所以坚持马克思主义的指导地位是高校思想政治教育的应有之义。马克思主义新闻观是马克思主义的世界观、人生观和价值观在新闻传播领域的具体体现。作为高校思政教育的重要组成部分,马克思主义新闻观与培育"有核心价值"的大学生具有一致的方向目标,即坚持和党中央保持一致,培育学生敬业奉献的新闻职业道德规范,最终真实地向国内外讲好中国故事。因而加强马克思主义新闻观教育可以使核心价值观真正内化为大学生的信念,外化为新闻宣传工作中的行为准则。

三、增强马克思主义新闻观教育,有利于引导学生胸怀中国精神

习近平总书记在第十二届全国人民代表大会第一次会议上首次提出实现中国梦必须弘扬中国精神。他指出:"一个民族的复兴需要强大的物质力

---

① 杨晓慧.社会主义核心价值体系融入大学生思想政治教育全过程论析[J].东北师大学报(哲学社会科学版),2009(05):1-6.

量,也需要强大的精神力量①"。中国精神是凝聚全国人民共建中国梦的强大思想力量。大学生肩负着建设中国梦的重要使命和责任,因此,将中国精神纳入高校思政教育的重要目标具有鲜明的时代意义。

中国精神的内涵与时俱进,历经新民主主义革命时期的五四精神、延安精神、抗战精神等,到社会主义革命与建设时期的大庆精神、"两弹一星"精神,再到改革开放时期的特区精神等,最终凝聚成以爱国主义为核心的民族精神和以改革创新为核心的时代精神。这与马克思主义新闻观中国化进程交相呼应、相得益彰,支撑一代又一代共产党人谱写我国的新闻事业蓝图。

马克思主义新闻观的中国化历程与中国精神内涵的演进相伴相随,因此,引导学生学习马克思主义新闻观的中国化理论成果,能够激发大学生潜在的爱国情感,激励他们将中国精神的丰富内涵融入讲好中国故事的使命中。

四、增强马克思主义新闻观教育,有利于提升学生的能力素养

思想政治教育在大学生全面发展过程中具有重要作用,有助于培养学生各方面的能力素养。具体来说,思政教育目标中的能力素养包含道德素养和文化素养,这两者是支撑大学生生存和发展的内在条件。在马克思主义新闻观教育中,能力素养可以理解为新闻道德和新闻专业知识,是新闻专业学生在媒体工作岗位上必须具备的基础条件。因而在思政教育中增强马克思主义新闻观教育,有助于学生提升新闻道德素养的同时,打牢扎实的专业知识储备。

新闻道德属于职业道德范畴中的一种,是新闻从业人员在新闻传播活动中所需遵循的道德原则、道德观念、道德规范、道德品行等的总和。新闻传播业被社会尊崇的原因在于该行业根据职业特性约定俗成地形成、制定

---

① 中共中央文献研究室.习近平关于社会主义文化建设论述摘编[M].北京:中央文献出版社,2017.

了一套道德规则,作为行业成员规范自己职业行为的准绳。然而,随着信息化浪潮的涌现,当前,我国正处于社会转型期,新、旧道德观念碰撞,再加上各种思潮泛滥,人们难以分辨是非对错,导致道德失范的现象时有发生。这种道德失范也衍生至新闻行业,虚假报道、新闻寻租、低俗信息等挑战新闻道德底线的报道层出不穷。在这种形势下,新闻学子要在日常的学习和实践中需要坚持以马克思主义新闻观的基本理论为导向,恪守新闻道德底线。从马克思主义新闻观教育的具体内容来看,党性原则有助于引导学生筑牢政治底线,在思想、组织和政治等方面始终与党中央保持高度一致,主动宣传党的方针政策,弘扬社会主义主旋律,传播社会正能量;真实性原则有助于学生在从事新闻报道活动时真实地反映社会现象,对社会问题进行深入的调查与求证,科学地把关信息以及考量传播伦理道德;以人民为中心原则有助于学生认识到我国新闻传播必须倾听人民的声音,为人民谋福祉,而非个人利益最大化,从而来杜绝"有偿新闻"的发生。

除此之外,马克思主义新闻观也是学生增长专业知识和能力本领的根本之策。这种能力体现在新闻"四力",即脚力、眼力、脑力和笔力,因为增强"四力"是马克思主义新闻观的核心要求。党的十八大以来,习近平总书记对新闻宣传工作提出了一系列新观点,进一步丰富和发展了马克思主义新闻观。其中,关于践行新闻"四力"的论述是重要内容之一。在2018年全国宣传思想工作会议上,习近平总书记指出,宣传思想干部要"不断增强脚力、眼力、脑力、笔力,努力打造一支政治过硬、本领高强、求实创新、能打胜仗的宣传思想工作队伍[①]"。这是对新闻宣传思想战线提出的明确要求。在宏观角度上,高校在思政教育中融入马克思主义新闻观,是回应党对新闻舆论工作的要求;在微观角度上,马克思主义新闻观教育中的"四力"要求也是提升学生专业能力的关键一环。首先,脚力是行走的能力,顾名思义,新闻报道是新闻工作者行走、调查后的成果。马克思主义哲学认为认识来源于实践。

---

① 王小玉.什么是"四力",新闻工作者如何增强"四力"?[EB/OL].中国记协网,2020-04-08.

新闻也来源于实践,"脚力"的要求鲜明反映出了要把实践放在首要地位的辩证唯物主义观点。这就要鼓励学生多参与新闻实践,在实践中深入群众,了解社会现实,提高自己的采访调研能力。其次,眼力是分辨、思考、研判事务的能力。在纷繁复杂的信息社会,高校要培养学生去伪存真、明辨是非,透过现象看本质的能力,坚持辩证唯物主义与历史唯物主义的世界观和方法论,准确把握客观实际。再次,脑力是用思想改变社会的能力。高校要在教育环节中注重培养学生的逻辑思维和系统思维,从而教育学生全面准确地认识客观事实,创作出有深度的新闻作品。最后,笔力是文字表达、观点输出的能力。"铁肩担道义,妙手著文章",笔力能反映出一个新闻工作者的理论水平、知识底蕴和专业功底。因而,笔力的要求有助于提升新闻专业学生讲好中国故事的基本功。

总体来说,将马克思主义新闻观教育融入思政教育有益于学生知识增长与能力提升的协同共进,促使他们将来在工作岗位践行"四力"时以新闻道德作准绳,规范开展新闻宣传工作。

第二节　培育和践行社会主义核心价值观

2012 年,党的十八大报告提出了践行二十四字的社会主义核心价值观——"富强、民主、文明、和谐、自由、平等、公正、法治、爱国、敬业、诚信、友善"。社会主义核心价值观是社会主义核心价值体系的凝练,包含了国家、社会和个人三个层面的价值取向,是全体社会成员普遍认同的信仰追求和价值理想。《关于培育和践行社会主义核心价值观的意见》强调,"积极培育和践行社会主义核心价值观,对于巩固马克思主义在意识形态领域的指导地位、巩固全党全国人民团结奋斗的共同思想基础,对于促进人的全面发展、引领社会全面进步,对于积聚全面建成小康社会、实现中华民族伟大复兴中国梦的强大正能量,具有重要现实意义和深远历史意义。①"

高校思想政治工作关系高校培养什么样的人、如何培养人以及为谁培养人这个根本问题。价值观培育是高校必须承担的重大责任与任务。习近平总书记在全国高校思想政治工作会议上指出"要坚持不懈培育和弘扬社会主义核心价值观,引导广大师生做社会主义核心价值观的坚定信仰者、积极传播者、模范践行者②。"习近平总书记的讲话深刻回答了我国高校思想政治教育的主要任务和目标定位。

新形势下,高校思政教育中加强大学生的社会主义核心价值观需要有全新的教育视角,而非简单的灌输式课堂教育。马克思主义新闻观教育是培育和践行社会主义核心价值观和提升学生新闻职业道德素养的现实需要,因此要充分发挥马克思主义新闻观的育人功能。作为培养党和人民的新闻工作者的前沿阵地,新闻专业院系在教育宣传、培育和践行社会主义核心价值观方面肩负着重要使命和责任。

一、高校应充分发挥培育社会主义核心价值观的功能

大学阶段是学生形成正确价值观的关键阶段,而新闻传播学科具有鲜明的意识形态属性,高校有必要在这一时期加强引导和培育学生的核心价值观。因此,要充分发挥育人化人功能,把增强大学生的价值判断力和道德责任感作为宣传教育的重要着力点,引导学生辨别什么是真善美、什么是假丑恶,自觉做到"常修善德、常怀善念、常做善举"。积极向上的价值观符合社会发展趋势,能促使学生成功避免不良意识形态的侵袭,从而在新闻实践中明辨是非、褒贬善恶。

---

① 隋笑飞.《关于培育和践行社会主义核心价值观的意见》广受好评[N/OL].人民日报,2014 - 01 - 06.

② 吴斌,程宏毅.习近平:把培育和弘扬社会主义核心价值观作为凝魂聚气强基固本的基础工程[EB/OL].中国共产党新闻网,2014 - 02 - 26.

二、新闻专业院系肩负教育学生宣传社会主义核心价值观的责任

社会主义核心价值观虽只有二十四个字,但凝聚了全体社会成员对主流价值观念的集体认同。正所谓"内心认同才能自觉践行,春风化雨才能润物无声"。核心价值观不能仅仅只停留于字面,而是需要被进一步践行才有意义。践行社会主义核心价值观的前提是广泛宣传,进而产生集体认同。因此,新闻专业院系在日常教学中要向学生大力阐释社会主义核心价值观和马克思主义新闻观的内在关联,其中,马克思主义新闻观中的正面宣传原则是宣传社会主义核心价值观的具体指导。高校需要教育学生要自觉担负起党交付给新闻人的重要任务,即宣传好社会主义核心价值观,为中国的快速发展营造一个积极正面的社会舆论环境。

三、新闻专业学生应首先成为践行社会主义核心价值观的先行者

社会主义核心价值观凝聚着养成公民良好素养的主流价值观念。宣传好社会主义核心价值观的前提是自身的身体力行。中国记协发布的《新闻工作者践行社会主义核心价值观倡议书》倡议新闻工作者要践行好社会主义核心价值观:"践行是我们的主旨。坚持担道义、守良心、当示范、作榜样,号召别人做到的自己首先做到,要求别人不做的自己首先不做,真正以自己的行动影响和带动社会。始终坚持新闻党性原则,大力弘扬职业精神、恪守职业道德,牢牢把握正确舆论导向;始终坚持新闻真实性原则,自觉抵制虚假报道;始终坚持政治家办报、办刊、办台、办网,讲导向、讲品位、讲格调,做到敢于担当、勇于负责;始终秉承人民至上的理念,大力弘扬'走转改'精神;始终保持清正廉洁的作风,自觉遵守法律法规,维护新闻工作者的良好形象。[1]"

马克思主义新闻观教育与践行社会主义核心价值观息息相关、相互涵

---

[1]　新闻工作者践行社会主义核心价值观倡议书[EB/OL].新华社,2014-08-30.

化。核心价值观中个人层面的"爱国、敬业、诚信、友善"为大学生落实马克思主义新闻观提供了行为准则。爱国是开展新闻宣传工作的精神动力。学生要心有国家,在思想行动上自觉与党中央保持高度一致,要用自己的笔触真实记录中国的发展,为国家进步奉献出自己的"智囊";敬业是开展新闻宣传工作的品德修养。学生要在日常学习实践中逐渐培养出干一行爱一行的新闻志向,努力锻炼自己的"四力",尽心尽力完成每一篇报道。唯有真正崇敬新闻,才有动力创造出优秀的新闻报道。诚信友善是新闻宣传工作的道德底线。学生在践行"四力"时要尽可能还原事实真相,要有向有偿新闻说"不"的勇气,客观理性地呈现新闻。新闻工作是一项神圣的职业,记者并非"无冕之王",倘若毫无诚信、肆意左右观点、报道失实,那么很难取信于公众,进而有损于媒体公信力。因此有必要通过马克思主义新闻观教育将社会主义核心价值观内化于学生心中的精神追求,外化为学生在新闻实践中的自觉行动。

培育和践行社会主义核心价值观是凝魂聚气、强基固本的"铸魂工程"①。高校作为大学生社会主义核心价值观培育的重要根据地,要在结合大学生的成长规律和思想动态的基础上,积极探索培育和践行社会主义核心价值观的新路径。尤其是具有鲜明意识形态属性的新闻专业院系,要充分发挥马克思主义新闻观教育的育人化人功能,引导学生认同并身体力行地践行社会主义核心价值观,从而为党和国家培养具有正确立场的新闻人才。

第三节　树立正确的世界观、人生观和价值观

高校教育阶段正是大学生塑造人生价值观的重要时期,而新闻观同时传达着"三观",即世界观、人生观和价值观,因此,加强马克思主义新闻观教

---

① 张蓓蓓.大学生社会主义核心价值观认同与培育探究[J].学校党建与思想教育,2020(12):59-61.

育有利于大学生形成正确的价值取向。习近平总书记在全国高校思想政治工作会议上指出，"要坚持不懈传播马克思主义科学理论，抓好马克思主义理论教育，为学生一生成长奠定科学的思想基础①"。这就从党中央的高度指明了大学生学习马克思主义理论的重要意义。

一、增强马克思主义新闻观教育，有利于大学生正确地辨别真假信息

高校思政教育中的重要一环是思想引导——引导学生正确地对待生活中所接触的各种信息。如今，网络媒体和新媒体日益发达，大学生只需手指一点就能获取海量信息，接触到不同倾向的思想意识。由于学生思想还较为单纯，缺乏一定的社会阅历，对于网上良莠不齐的信息缺乏足够的辨别力，很容易被一些虚假信息迷惑。譬如近年来"电信诈骗"等虚假信息给部分学生群体造成巨大的伤害。可以说，当今这种"无处不网，无时不网"的便利深刻影响着大学生的人生价值观，同时也给高校思政教育带来不小的挑战。因此，新形势下如何引导学生提高辨别信息真伪能力是高校亟须思考的问题。尤其对于新闻专业的学生来说，在学习写新闻报道之前要先学会筛选正确的信息，才能保证新闻的真实性，因而在面对庞杂的事实和纷扰的社会舆论时，学会激浊扬清、将真实有用的信息写进新闻报道是一门必修课。

在思政教育中让学生充分学习马克思主义新闻观能让学生提高辨别是非能力。一方面，马克思主义新闻观秉承着马克思主义哲学的精髓，告诉学生学会运用辩证唯物主义和历史唯物主义看待社会现象，引导学生思考所见是否真实。所有新闻来源于事实，真实地呈现事实信息是所有新闻传播者应该具备的品格和能力。另一方面，坚持新闻真实性原则是马克思主义新闻观的基本观点之一。真实是新闻的生命。所有新闻报道的事实都是客

---

① 习近平.习近平谈治国理政[M].北京:外文出版社,2017:377.

观存在的。马克思和恩格斯在创办社会主义报刊时强调要根据事实来描写事实①。刘少奇在接见华北记者团时提出"新闻第一要真实"的观点②。步入新时期后,中国共产党也多次强调新闻工作中真实性原则的重要性。由此可以看出,加强马克思主义新闻观教育在一定程度上可以提高学生对真实信息的敏感度,在创作新闻作品的同时将追寻真实信息摆在第一位。

因此,将马克思主义新闻观融入思政教育在丰富思政内容的同时,更能引导学生消化马克思主义精髓为己用,提高对信息真实性的把握能力。

二、增强马克思主义新闻观教育,有利于大学生树立正确的价值取向

随着互联网的飞速发展,我们可以在短时间内便捷地获取新闻信息。这种互联互通使得西方传媒舆论能够轻而易举地再传播到其他国家和地区。言论自由、独立媒体、不受政府干涉……这些西方媒体标榜的理念深刻影响着他国民众的价值取向。由于中西方政治制度和意识形态的根本差异,西方媒体长期以来一直诋毁和攻击我国的新闻自由,导致我国学生群体中的价值取向选择出现一定混乱,具体表现为政治认同度低,非主流意识形态凸显③。例如,一些学生可能认为西方国家有言论自由,而我国在党管媒体的制度下没有新闻自由,他们甚至发表一些对我国不利的言论。

价值取向是指人们在一定场合以一定方式采取一定行动的行为倾向。它来自行为主体的价值体系、价值意识,表现为政治取向、功利取向、审美取向、道德取向等不同方面。马克思主义新闻观教育影响着大学生的价值取向,从而进一步影响着高校的思政教育的育人质量和培养目标。马克思主义新闻观的核心是"学好马克思主义新闻理论的基本观点,明确社会主义新闻事业的性质,坚定坚持党性原则、坚持正确舆论导向原则的立场,提高政

---

① 中国社会科学院新闻研究所.马克思恩格斯论新闻[M].北京:新华出版社,1985.
② 中国社会科学院新闻研究所.中国共产党新闻工作文件汇编[M].北京:新华出版社,1980.
③ 武玮,田廷广.论新时代社会主要矛盾转化对大学生价值取向选择的影响[J].陕西青年职业学院学报.2018(3):30-33.

治鉴别力的政治敏锐性"。针对大学生群体中出现的价值取向选择混乱,马克思主义新闻观中关于新闻自由的论述为正确认识我国社会主义新闻事业的政治性提供了指导。中国人民大学教授郑保卫曾表示"一些西方国家不管是争取还是限制新闻自由,都出于维护自身阶级利益的需要。也正因为此,新闻自由有时作为一种目的,有时它又作为一种手段。当要从敌对者手中争取新闻自由的时候,它是一种目的,他们会把它写在自己的旗帜上;而当自己争得了新闻自由的时候,它便成了一种维护自身利益、实现更高的政治和经济目标、服务其政治和经济制度的手段"。西方媒体表面上看似独立于政党,但并不独立于垄断财团的资本。因此,他们所标榜的自由、独立根本无法实现。所以说,要引导大学生理性地看待西方国家的新闻自由的本质,不能被西方式的价值理念所迷惑。相反,马克思主义并不否认新闻自由的价值,但更强调新闻工作的政治意识、责任意识、大局意识。提倡责任的优先价值,也就是"责任前提下的自由",而且承认新闻传播活动具有鲜明的阶级性和意识形态属性。

加强马克思主义新闻观教育,有助于学生树立正确的政治价值取向,正确认识我国社会主义新闻事业的性质,不盲目推崇西方新闻自由思潮,为将来从事新闻传播工作筑牢政治底线。

立德树人是中国特色社会主义教育事业的根本任务。引导学生树立正确的世界观、人生观、价值观是思政育人的重要内容,马克思主义新闻观同时体现着三观,有益于学生将社会主义核心价值观内化于心、外化于行,从而实现思政教育目标。高校将马克思主义新闻观教育融入思想政治教育的全过程,切实回答好"如何培养人"这个教育的根本问题,可以帮助新闻专业的学生树立正确的政治价值取向,准确认识中国特色社会主义新闻理论体系,从而更自觉地在中国共产党领导下开展新闻宣传实践,真正做好"党的政策主张的传播者、时代风云的记录者、社会进步的推动者、公平正义的守望者"。

第三章

——★——★——★——

马克思主义新闻观教育的维度

在高校中开展马克思主义新闻观教育,离不开学校的提纲挈领、教师的理念革新与学生的积极配合。马克思主义新闻观教育不只是一两门课的"小工程",而是一项应具备完整体系的"大工程"。学校作为马克思主义新闻观教育开展的主阵地,在其中发挥着主导性、引领性的作用,高校唯有从学科与队伍建设的根本问题上入手,才能够为马克思主义新闻观教育构筑起牢固的地基;而教师队伍则是高校马克思主义新闻观建设中的执行者,是在地基上辛勤劳作的建设者。当下,就我国国内马克思主义新闻观教育的模式而言,无论是传统授课、学者讲座,还是实践教学等都离不开教师这一讲述人的参与,能够运用多种教学方法和教学元素的教师人才队伍,则是推进马克思主义新闻观教育的有力武器;学生是马克思主义新闻观教育成果的检验者,是未来新闻事业的建设者,学生的理论素养、实践能力等与我国新闻事业的发展息息相关,因此,学生积极参与、自主培育新时代马克思主义新闻观也是十分必要的。

第一节　学校层面:强化学科和队伍建设

学校教育是一切教育形式中最直接、最广泛、最成熟、最有效的方式。规模化的学校教育在帮助学生树立理想、形成"共同信念"的过程中扮演着不可或缺的重要角色,就此点而言,任何其他形式的教育都难以比拟。然而近年来,随着网络媒体的日益普及,社会舆论场域日趋复杂,国际社会部分反华及分裂势力利用青年群体对国家事务和国际形势的关切,歪曲事实,误导我国青少年群体,高校学生理想信念的塑造工作面临着前所未有的挑战。此时此刻,亟须学校挺身而出,做好主流价值观教育和引领工作。高校能否开展准确有力的马克思主义新闻观教育对于指导新形势下的新闻舆论工作和塑造青年群体价值观念意义重大。

一、立足我国国情,发展特色学科

为深入贯彻党的十八大精神,落实《国家中长期教育改革和发展规划纲要(2010—2020 年)》①要求,教育部、中宣部于 2013 年 6 月联合推出卓越新闻传播人才教育培养计划,不断深化高等新闻传播教育综合改革、提高新闻传播人才培养质量,计划把加强马克思主义新闻观教育作为主要任务之一。计划指出,要用马克思主义新闻观指导新闻传播高等教育,把马克思主义新闻教育融入新闻传播人才培养全过程的各个环节,推动马克思主义新闻观融入教材和课堂教学中,引导学生始终坚持新闻工作的党性原则,坚持正确的政治立场和政治方向。要加强新闻职业精神和职业道德教育,引导学生坚持新闻职业道德,履行新闻社会责任,增强党的新闻工作的责任感和使命感。

在我国,马克思主义新闻观进课堂始于 2006 年 9 月——《国家"十一五"时期文化发展规划纲要》②发布,文件要求各高校新闻院校"要坚持正确的政治导向,始终把马克思主义新闻观教育放在首位"。关键在于,如何让马克思主义新闻观在中国的大地上生根发芽、开花结果?

中国人民大学新闻学院前院长、我国著名传播学者郭庆光于 2018 年在山东大学进行相关主题讲座时曾指出,近年来,国家大力推进马克思主义新

---

① 中共中央办公厅印发《关于培育和践行社会主义核心价值观的意见》[EB/OL].新华网,2013-12-23.

② 国家"十一五"时期文化发展规划纲要[EB/OL].新华社,2006-09-13.

闻观教育研究。新闻传播学院应抓住机遇,运用马克思主义唯物主义和辩证法解释新闻现象,形成一套系统的、成熟的新闻原则。在核心理论建设上,要遵循社会科学的思路,增加学术内容,构建立足中国国情和社会制度的新闻学习核心知识体系。

中国人民大学新闻学院教授蔡雯也曾指出要立足中国国情办新闻教育。蔡雯强调,目前,我国高等教育正在开展建设世界一流高校和一流学科(简称"双一流"建设)的工作,新闻传播学科作为人文社会科学领域的一个重要学科,要借助这一发展机遇全面提高新闻人才的培养水平,并力争使有条件的新闻院校建设成中国特色的、世界一流的学科,要牢牢地坚持以马克思主义新闻观为指导,确立正确的教育方向,打造有效的人才培养模式,在新的历史条件下迈出新的步伐①。

二、优化学科结构,增强学科建设

互联网的产生与发展为人类的生活及学习习惯带来了巨大变化,颠覆并重塑了部分传统学科,也造就了无数的新兴领域。新媒体时代,新闻发现、新闻选择、新闻生产、新闻价值判断、新闻传播等过程都经历了一场深刻的变革。一些诸如新闻史学、新闻理论等文献课程很大程度上"坚守"了"本来面目",但网络新媒体、媒介融合等新兴科目却在逐渐取代传统课程,成为新媒体时代新闻传播学相关专业的授课核心。

当前教育部对本科新闻传播类专业设置仍旧沿用传统专业与互联网简单相加的模式,在传统的新闻学、传播学、广播电视学、广告学、编辑出版学这五个专业的基础上,增设了网络与新媒体和数字出版学两个专业②。然而,如何用网络思维实现转型创新,更加科学地设置专业,是一个需要思考和探讨的重要议题。

---

① 崔志源.首届马克思主义新闻观师资培训班在威海校区举行[EB/OL].山大视点,2018 - 09 - 01.
② 李文冰.新闻传播学学科建设的三点思考[EB/OL].中国新闻出版广电报,2017 - 04 - 25 (008).

浙江传媒学院新闻与传播学院教授李文冰曾在《新闻传播学学科建设的三点思考》一文中指出:要以新思维引导和重构学科框架,避免简单相加,促进新旧学科体系融合,推动知识传播导向向知识开发与应用导向转变,培养政治责任感强、全媒体业务能力强、复合型、创新型的新闻传播人才。然而,目前部分学科存在一定程度的泛化问题,例如施拉姆曾把传播学称为一个"十字路口",即多个学科在传播学所在处交叉。但如果传播学无限制地容纳其他学科,则难以成为一个"独立自主"的学科。学科的建设与发展要遵循学界与业界的客观发展需要,过于扩张往往会适得其反,不利于自身学科的发展,对新闻传播学的整体发展也存在着潜在的负面影响。

三、推进部校共建,打造人才特区

部委与高校合作共建新闻学院,是时代融合发展的全新挑战。《青年记者》曾刊文称:"部校共建新闻学院是一盘好棋。"从地方党委宣传部与高校共建新闻学院,到中央媒体与高校共建新闻学院,这种合作不断推进,互动频繁,突出实践,深入科研。共建新闻学院对新闻教育教学改革进行了有益的探索,形成了鲜明的特色,取得了一定的成效,积累了宝贵的经验。

早在 2001 年,上海市委宣传部就与复旦大学签署了共建协议,在其新闻学院设立院务委员会,成为国内共建新闻学院的先行者,正式开创了我国"'部校共建'新闻人才培养模式"的先河,给其他高校进行新闻人才的培养提供了经验指导。此后多年间,北京市委宣传部与中国人民大学、江苏省委宣传部与南京大学、山东省委宣传部与山东大学、光明日报社与中国政法大学、新华社与北京大学签署了共建协议。人民日报社与清华大学等陆续开展部校共建新闻学院。2017 年 9 月 13 日,上海外国语大学与中国日报社举行签约仪式,共建上外新闻传播学院,本着优势互补、共谋发展的原则,共同打造国际一流的新闻传播学院①。这些国内知名高校的先进实践给全国各

---

① 刘璐.为讲好中国故事,中国日报社联手上海外国语大学,部校共建新闻传播学院[EB/OL].上观新闻,2017 - 09 - 13.

地的高校起到了榜样示范的作用,马克思主义新闻观逐渐走进了更多高校的课堂。"部校共建""媒校共建"新闻人才培养模式的开展与推广丰富了高校新闻人才培养的自主实践,推动马克思主义新闻观进入了更多的高校。在此背景下,越来越多的高等教育院校与国家级、省级、地市级宣传部或媒体开展共同建设新闻学院活动。

推进新闻传播学院共建为新闻人才培养赢得了新的机遇。如何统筹协调,取得实效,持续改进,有效形成共建合力,是媒体和舆论环境向高校提出的一个时代课题。要牢牢把握部校共建的正确方向,努力建设马克思主义新闻教育理论高地,紧密结合党的新闻舆论工作实际,紧紧围绕媒体深度融合的大趋势,加快全媒体的培养类型后备人才,全面落实部校共建工作。通过部校共建,不断推进新闻传播教育综合改革,为党的新闻事业提供强有力的人才支撑。

四、强化立德树人,践行思政育人

2012 年 11 月,党的十八大明确提出:"全面贯彻党的教育方针,坚持教育为社会主义现代化建设服务、为人民服务,把立德树人作为教育的根本任务,培养德智体美全面发展的社会主义建设者和接班人①。"党的十八大之后,习近平总书记也多次在各个场合强调立德树人这一教育理念的重要性②。《教育部、中共中央宣传部关于提高高校新闻传播人才培养能力实施卓越新闻传播人才教育培养计划 2.0 的意见》③也指出总体思路为:以习近平总书记关于新闻舆论工作的重要论述为指导,深入贯彻落实《中共中央关

---

①　潘毅.习近平:用新时代中国特色社会主义思想铸魂育人 贯彻党的教育方针落实立德树人根本任务[EB/OL].央广网,2019 - 03 - 19.

②　钱中兵.以立德树人铸就教育之魂——学习贯彻习近平总书记在全国教育大会重要讲话[EB/OL].新华网,2018 - 09 - 10.

③　教育部 中共中央宣传部关于提高高校新闻传播人才培养能力实施卓越新闻传播人才教育培养计划 2.0 的意见[EB/OL].中华人民共和国教育部,2018 - 10 - 08.

于加强和改进党的新闻舆论工作的意见》,加强中国特色新闻传播专业建设①。要全面落实立德育人的根本任务,坚持马克思主义新闻观,用中国特色社会主义新闻理论培养新闻人才,壮大新闻队伍,培养一大批有民族情怀和国际视野、高素质、全媒体、复合型、专家型的新闻传播人才。

就做好新闻传播教育课程思政的方法这一主题,2019 年 7 月,《光明日报》曾刊文指出:把思想政治课纳入新闻传播人才培养体系。新闻传播教育思想政治教育课程要始终根植于新闻传播人才培养体系和思想政治理论课的土壤中,牢固秉持立德树人这一教育的根本理念,注重综合素质课与专业课的相互协调,加强新闻传播学思想政治体系建设,明确新闻传播学思想政治教育的整合要点,知识传授与价值引导也应协调一致,从而实现课程思想政治的效果最大化。

第二节 教师层面:破解灌输式教育模式

作为与学生直接对话的角色,知识与价值观的输出口、把关人,教师也是马克思主义新闻观进校园实践中的重要一环。《国家中长期教育改革和发展规划纲要(2010—2020 年)》②要求:"加强高校新闻传播院系师资队伍建设,加强马克思主义新闻观教育,创新人才培养模式,强化实践教学环节,努力造就一大批政治立场坚定、业务能力精良、作风素质过硬的新闻传播后备人才,为推进我国新闻事业健康发展提供强有力的人才保障和智力支撑。"

此外,于 2018 年发布的《教育部 中共中央宣传部关于提高高校新闻传

---

① 燕帅.王晓红:把马克思主义新闻观教育融入新闻传播人才培养的全过程[EB/OL].人民网,2018 - 11 - 10.

② 国家中长期教育改革和发展规划纲要(2010—2020 年)[EB/OL].中华人民共和国教育部,2010 - 07 - 29.

播人才培养能力实施卓越新闻传播人才教育培养计划 2.0 的意见》①（以下简称《意见 2.0》）指出，加强马克思主义新闻观课程建设，深入推进习近平总书记关于新闻舆论工作的重要论述进教材进课堂进头脑，要做到新闻传播院系师生全覆盖、无死角。《意见 2.0》强调，改革任务和重点举措第一项即为"开创马克思主义新闻观教育新局面"。《意见 2.0》要求："依托高等学校新闻传播类专业教学指导委员会，分批开展新闻传播专业骨干教师马克思主义新闻观主题培训，五年内覆盖所有专业点。"此外，《意见 2.0》提出："选树一批马克思主义新闻观教育教学典型案例，建设一批马克思主义新闻观教育的国家级一流精品课程，推动教师以言传身教带动学生树立正确新闻观，为新时代新闻传播人才打牢思想基础……"这充分体现了教师这一角色在马克思主义新闻观进校园中的重要性。对于教师而言，结合当今媒介发展形势、破解灌输式教育模式是重中之重。

一、夯实理论基础 推进实践教学

在新媒体飞速发展的今天，新闻传播学教育也随之不断发生着变化，为应对新媒体对新闻学教育所带来的挑战，新闻学教师自身素养的提高刻不容缓。理论联系实际授课是专业课教师的基本功，对于新闻传播学相关专业的教师而言，夯实理论基础，融合实践教学是为马克思主义新闻观教育事业打下坚实基础的保障。

近年来，众多高校开展马克思主义新闻观骨干师资研修班、马克思主义新闻观师资培训班等活动，为高校新闻教师提供理论及实践教学方面的指导。例如 2018 年 11 月，中国人民大学新闻学院举办了首届"人大马克思主义新闻观与中国特色社会主义新闻理论发展与创新骨干师资高级研修班"，探讨马克思主义新闻观和中国新闻实践的发展与创新，旨在提高国内高校在相关领域的课程教学水平；2019 年 8 月，全国新闻传播学骨干教师研修班

---

① 教育部 中共中央宣传部关于提高高校新闻传播人才培养能力实施卓越新闻传播人才教育培养计划 2.0 的意见［EB/OL］.中华人民共和国教育部，2018－10－08.

在云南昆明举办,来自全国29个省(市、区)的逾两百位新闻传播学一线教师参与学习,交流"马克思主义新闻观""新闻采访""新闻评论"等新闻传播学核心课程的教学内容及教学方法,探讨新媒体环境下新闻传播学教育的前沿问题,推进新闻传播学相关专业教师群体的教学与科研经验交流。

与此同时,新闻学也是一门公认的实践学科,马克思主义新闻观的内涵和外延也在实践中不断扩充和丰富。"纸上得来终觉浅,觉知此事要躬行"。马克思主义新闻观的鲜明特色之一即为强调实践,要着力促进新闻理论教育与新闻实践结合、业界与学界互动,培养党和国家需要、党和人民放心的新闻人才。中国传媒大学王晓红①曾指出,要把马克思主义新闻观教育融入新闻传播人才培养的全过程,根据新形势、新任务、新要求努力开展与新时代相适应的课堂教学,创新案例教学;充分发挥学科优势,拓展协同教学,帮助学生深度理解马克思主义新闻观的新闻实践;将马克思主义新闻观融入实践教学,融入创作实践等。让新闻学子在实践中体会马克思主义新闻学的科学精神和深刻内涵。

二、整合显性教育,融入隐性教育

马克思主义新闻观教育同样也是思政教育的一种呈现形式。专业的思想政治教育既包括显性思想政治教育,也包括隐性思想政治教育。新闻传播学相关专业的思想政治建设需要做好两种思想政治教育。而充分利用这两种教育资源,则需要把两种思想政治教育相结合,相辅相成,一起发挥作用。

推进新闻传播专业两种"思想政治教育"的整合,需要加强两方面的工作:首先是实现教学资源的整合。把新闻传播专业课程的突出内容、典型案例和重要观点引入到"显性思想政治教育"课程中。同时,要充分认识、挖掘和开发新闻传播学核心课程、专业基础课、通识教育课等公共基础课的必修课、选修课和实践课中的隐性思想政治教育资源,体现新闻传播学的核心价

---

① 燕帅.王晓红:把马克思主义新闻观教育融入新闻传播人才培养的全过程[EB/OL].人民网,2018-11-10.

值观、社会主义、爱国主义、思想道德和职业精神、科学思想、社会先进文化和优秀传统文化、人格塑造和素质培养等积极价值的要素和内容转化为思想政治教育资源,不断丰富和优化"专业思想政治教育"内容资源。新闻传播专业课程的思想属性为挖掘隐性思想政治教育资源提供了充分的可能性,专业课程内容的丰富性为思想渗透和德育渗透提供了大量新鲜素材。挖掘隐性思想政治教育资源,要能够与反映地域特色和地方特色的政治、经济、社会、文化等方面的历史文化资源相结合;要能够与网络、新媒体、视听文化资源相结合体现时代精神和当代话语;要能够适应学校的办学条件和校训精神以及学校定位,就必须把校园文化等人才培养目标与学科专业和课程实践的现实相结合。

此外是要实现教学方法和手段的整合。在"显性思想政治教育"显性化、直接化、灌输式模式的基础上,还应采取"隐性思想政治教育"的迂回曲线形式。在教学方法、手段、途径、载体和教学设计中,要把"思想政治因素""思想政治属性""思想政治手段"隐藏起来,做到直接与间接、显性与隐性相结合,取长补短,要着力增强思想政治课的思想性、理论性、亲和力和针对性。

三、革新授课理念,开展"互联网十"

2014年8月18日,在中央全面深化改革领导小组第四次会议上,习近平总书记提出要打造一批新型主流媒体。总书记指出:推动传统媒体和新兴媒体融合发展,遵循新闻传播规律和新兴媒体发展规律,强化互联网思维,坚持传统媒体和新兴媒体优势互补,一体发展,坚持先进技术为支撑,内容建设为根本,推动传统媒体和新兴媒体在内容、渠道、平台、经营、管理等方面的深度融合,着力打造一批形态多样、手段先进、具有竞争力的新型主流媒体,建成几家拥有强大实力和传播力、公信力、影响力的新型媒体集团,形成立体多样、融合发展的现代传播体系。要一手抓融合,一手抓管理,确保融合发展沿着正确方向推进。[①]

媒体融合时代的到来,改变了新闻传播的模式,使新闻传播呈现出了一种新的传播特点,主要体现在内容、方法、形式和对象等方面,这也对改变新闻传播教育教学模式提出了更高的要求。未来的新闻人才只有适应新媒体的发展趋势才能具有竞争力,才能在新闻事业中保持活力。同样,作为新闻传播学专业的教师,也应随着时代的发展变化和媒介形式的革新而对授课理念进行更新。在媒体融合的背景下,新闻传播教育应该充分思考媒体融合背景下的教育思想和教育内容,依托互联网结合传统教育内容进行课程改革。针对媒体融合渗透的特点,应通过使用现代化的教学设备改变传统的通过说教的教学方式,使课堂形态呈现出更多元化的发展。例如,在传统媒体时代,电视和报纸等媒体的传播模式相对单一,随着新媒体时代的到来,网络成为信息流动的最主要载体,微信公众号内容的呈现和发布对编辑提出了更高的审美要求和互联网技术要求。同样,授课方式也应依托互联网这一新兴媒介,为学生呈现出全媒体的生动效果,让知识入眼、入耳、入脑、入心。媒体人员需要提高综合素质,这就要求授课教师在授课过程中,更新教学观念,注重训练学生利用多媒体通信的能力以及掌握多媒体应用程序的能力。

四、增设教学互动 注重学生反馈

新闻学是一门实践性与实用性极强的学科,如何充分调动学生学习的热情,全方位深入与学生互动,构建全新的新闻学习方式是实现新闻学教育转型的重要手段之一。媒体融合的日益发展使得新闻教育必须与时俱进,积极转变。

改革开放以来,新闻传播事业飞速发展,新闻教育事业也表现出快速发展的良好势头,与此同时也呈现出许多问题。例如,目前高校使用的新闻教

---

① 习近平:推动媒体融合发展要遵循新闻传播规律[EB/OL].人民网,2014-08-19.

材比较陈旧。以 2011 年出版的新闻传播学教材《新闻采访与写作》为例,教材中使用的案例仍然是传统媒体时代的案例,新媒体领域的理论更新不充分、不及时,对传播手段的分析已经过时。新闻课堂不能单纯地依靠新闻教材,而是要灵活地运用教材,在充分尊重和遵循新闻教育的基本理论和新闻传播的基本规律的基础上,增加新媒体形式下的新闻案例,并不时更新,保证细节要精彩,加强与学生的互动,时刻关注学生的反馈,探索翻转新闻课堂的趣味互动模式,才能真正使新闻课堂教学引人入胜。

根据传播学的相关理论,教学过程也是传播方式的一种,也符合传播学的规律。广义而言,教学活动是师生之间的一种交流过程,是一种人际交往和人际传播。传播理论认为,有效的人际传播,信息的发送者和接收者的交流行为是一个互动反馈的动态过程,而不是简简单单的单向流动的信息传输关系。教师和学生的交流模式不应局限于老师讲、学生听的"填鸭式"教学。"刺激—反应"这一传统的传播模式近年来一直受到传播学者的反驳与批判,理由如下:学生作为具有主观能动性的个体,在接受信息的过程中不仅仅存在低级的生物式的反应,这一过程应该是师生之间频繁进行信息交互的过程。进行与学生的互动,方能收到来自学生的反馈,才能充分调动学生的学习积极性。

第三节　学生层面:培育新时代马克思主义新闻观

马克思主义新闻观教育的根本宗旨就是培养和造就一支"政治坚定、业务精湛、作风优良、党和人民放心"的新闻工作队伍。作为马克思主义新闻观进校园的目标受众,广大学生群体才是检验马克思主义新闻观教育收效的"晴雨表""试金石"。一项基于上海市高校马克思主义新闻观受众的研究显示:目前,上海地区高校学生主要通过学校开设的课程以及相关讲座了解马克思主义新闻观。在传统的教师讲授——学生接受的学习模式下,知识与信息仅仅呈现由教师到学生的单向流动模式,大部分学生的积极性难以被调动,学生自始至终仅仅是课程的被动接受者,依托此类机械模式的课程的教学效果有限,学生难以生发出主动学习马克思主义新闻观的兴趣。单单寄希望于学校课程设置的革新与教师教学模式的改变远远不够,高校学生是马克思主义新闻观进校园的"最后一公里"。这"最后一公里",自然也要打通、跑好。

一、强化基础知识,提高理论水平

马克思主义新闻观的内涵与时俱进,不断充实、完善、创新和发展。与此同时,马克思主义新闻观理论也具有强烈而鲜明的时空逻辑。从历史发展的角度看,马克思主义新闻观的形成经历了马克思恩格斯二人创始奠基、列宁的继承与发展和以毛泽东为代表的中国共产党人对其进行丰富和创新这三个重要的历史阶段[①]。在这一过程中,伟大的无产阶级革命家们进行革命、政治斗争等建设性活动,在各个重要的时间节点与里程碑式的历史背景下,进行了新闻传播著述的写作与编辑工作。

对于广大新闻学相关专业的学子而言,学习各个历史阶段的新闻学理论经典,着重但不限于对新闻工作的原则与任务、传媒的性质和传播方法、新闻出版自由与职业道德伦理等,探究各部分内容之间的内在联系,在学思践悟中强化马克思主义新闻观的基本原理是行之有效的学习方法,也是在充分厘清新闻学理论内在联系、继承与发展的必要手段。然而部分学生在接受马克思主义新闻观教育的过程中,仅仅把马克思主义新闻观视作一门课程,只关注学分与成绩,而忽略了马克思主义新闻观内在理论知识的潜移默化式学习,是马克思主义新闻观教育的"局外人"。唯有深入研究新闻传播规律,探索马克思主义新闻观的理论,紧密结合实际情况,才能够真正提高新闻宣传工作与新闻舆论工作的质量,让新闻人才笔下的故事贴近生活、

---

① 郑保卫.马克思主义新闻观中国化的历史进程及其理论贡献[EB/OL].光明网,2021-04-09.

贴近实际、贴近群众。

二、提高媒介素养，跟进时事政治

媒介素养指的是人们在面对不同媒体中的各种信息时，所具有和表现出的理解信息、选择信息、评估信息、质疑信息和思辨认识等方面的能力。概括地讲，所谓媒介素养，指的就是人们能够准确地、建设性地运用大众传媒资源的能力，能够充分利用大众传媒资源认知世界并完善自我，对社会进步做出贡献等。新媒体时代，复杂的网络环境客观上对人们的媒介素养提出了更高的要求。现在所说的媒介素养多指新媒体素养，即在数字技术、信息技术和互联网技术快速发展的今天，人们在使用互联网、手机媒体、数字电视等新媒介形式时所具备的上述能力。

学生能否具备"正确使用和有效利用媒介"的能力，也是马克思主义新闻观教育收效的重要考量指标。在对于马克思主义新闻观的学习实践中，学生应学会根据自身需求从庞大的信息海洋中精准"钓"到自己所需的、准确的信息，这就需要学生充分发挥主观能动性，积极主动培养思辨能力，提高自身媒介素养。

作为一名未来的中国新闻工作从事者、中国新闻事业的建设者，新闻传播学相关专业的学生应在充分考量及明确自身需求与兴趣的基础上，树立远大的就业目标，并据此做好职业生涯规划。新闻学子更要在学习中、在工作中培育和践行媒介素养的现实意义。在现今的部分高校课堂中，许多学生机械式地接受马克思主义新闻观教育，仅仅获取知识就"心满意足""万事大吉"，只是被动的信息接收者。但也有不少心怀新闻理想的学子，在学习工作中充满主动学习与质疑的精神，自主提高媒介素养，同时密切关注国际国内新政策、新动向等，能够有效辨别网络信息，不造谣、不信谣、不传谣，践行社会主义核心价值观，能够积极主动为建设社会主义和谐社会添砖加瓦。

三、明确自我认知，实现自我教育

许多新闻传播学相关专业的学生在高考后填报志愿时，因为怀着新闻理想与一腔热血而报考相关专业;但同时也有一部分学生出于"好毕业""好就业"的角度而报考,对自身的职业兴趣与取向定位不明确,认知不够全面,导致在学习过程中发现实际课程与内心所设想的不相符、出现巨大心理落差的情况。甚至有学生因此而休学,不惜以前途和命运为筹码进行一场"豪赌",因此而引发的教育资源的浪费暂且不提,人生轨迹的偏移才是学生与家庭付出的巨大代价。

在报考专业时,学生应提前对欲报考的专业进行充分的信息搜集,必要时向有相关经验的老师、前辈等请教并探讨,在充分评估自身职业兴趣与职业目标的基础上选择专业、规划未来。同样,在进入高校接受高等教育的过程中,学生也应该在理论与实践的学习中准确、全面地做好自我搭建、自我辨识、自我认知,从而实现自我教育。许多大学生都是首次远离父母独立生活,尽管心理和生理上的承载力已经逐步完善,但他们仍然渴望着得到来自身边的老师和同学的认可,希望自身的能力和价值得到认同。为满足上述心理,仅仅依靠来自学校的支持和教师的努力是远远不够的,还需要学生自己提升在学习和生活中的主观能动性与积极性,注重思考和总结,将所学的理论知识应用于实践,从而形成独属于自己的知识体系模型和能力建构。此外,学生本人也应在充分接受和肯定政治观点、思想体系和社会道德规范的前提下,将其转化为自己的个体意识,在学习、工作与生活实践中遵守这些行为依据和价值准则。

四、积累科学知识,增强文化内涵

在传统的教师讲授——学生接受的课堂模式中,学习科学文化知识对于学生而言仅仅是获得高分的"必备技能",然而,作为新闻行业从业者和文字工作者,运用文字精准描述事实与所思才是"必备技能"。许多高校在将中国古代/现代文学、古汉语、现代汉语等课程作为新闻传播学相关专业的必修科目,也在侧面说明了文化底蕴、文字功底对于新闻行业从事者的必要性与重要性。

　　习近平总书记在党的十九大报告中指出："文化是一个国家、一个民族的灵魂。文化兴国运兴，文化强民族强。没有高度的文化自信，没有文化的繁荣兴盛，就没有中华民族伟大复兴①。"古人云："腹有诗书气自华。"高校里有着丰富的学习资源，许多任课教师都被称为"移动的图书馆"，在校学生应充分利用好已有的学习资源，挖掘传统文化与科学知识的思想内核，提升个人文化修养，塑造正确的和科学的世界观、人生观、价值观，即"三观"。近年来，"三观"一词频频现于网络，成为颇受人们关注的热词。三观通常意义上指世界观、人生观和价值观，代表着一个"社会人"最基本的处事态度和人生哲学。《高校思想政治教育指导意见》指出，思想政治教育要着眼当下，正确引导广大高校学生树立正确的世界观、人生观、价值观，使高校学生真正成为实现中华民族伟大复兴的有用人才。读书是认识世界、"观世界"的重要方式之一，正如电影《后会无期》中所说："连世界都没有观过，哪来的世界观?"所谓"博学之，审问之，慎思之，明辨之，笃行之"，博学强记、慎重思考，方能微言大义，做一名合格的新闻人才。

　　2016年2月19日下午，习近平总书记在人民大会堂主持召开党的新闻舆论工作座谈会时提出了党的新闻舆论工作的职责和使命——高举旗帜、引领导向，围绕中心、服务大局，团结人民、鼓舞士气，成风化人、凝心聚力，澄清谬误、明辨是非，联接中外、沟通世界。这48字方针，是在当今社会语境中对马克思主义新闻观作出的精准解读，是新时代新闻舆论工作的"定盘星""领航者"，为新闻舆论战线提供了思想武器和行动指南。会上，总书记指出，新闻观是新闻舆论工作的灵魂。要深入开展马克思主义新闻观教育，引导广大新闻舆论工作者做党的政策主张的传播者、时代风云的记录者、社会进步的推动者、公平正义的守望者②。这一重要论述，为党的新闻队伍建设与人才培育指明了方向与着力点，也凸显了马克思主义新闻观教育的迫

①　蔡利民.文化兴国运兴，文化强民族强[EB/OL].中国共产党新闻网，2018-06-07.
②　袁勃.总书记新闻舆论金句——新闻观是新闻舆论工作的灵魂[EB/OL].人民网，2019-11-18.

切性与重要性。总书记强调,媒体竞争关键是人才竞争,媒体优势核心是人才优势。要加快培养造就一支政治坚定、业务精湛、作风优良、党和人民放心的新闻舆论工作队伍[①],这就要求下大力度推动高校新闻传播人才的培养。培育卓越的新闻舆论工作人才,高校的新闻传播教育使命在肩,不容推脱。着力推动马克思主义新闻观进教材、进课堂、进头脑,应准确把握学校、教师、学生这三个层面、三个突出的着力点,充分强化学科和队伍建设,破解灌输式教育模式,培育新时代马克思主义新闻观。

---

① 袁勃.总书记新闻舆论金句——媒体竞争关键是人才竞争[EB/OL].人民网,2019 - 11 - 01.

第四章

—★—★—★—

高校马克思主义新闻观教育的西索路径

做好党的新闻舆论工作,营造良好舆论环境,是治国理政、定国安邦的大事。2016 年,习近平总书记在党的新闻舆论工作座谈会上强调,新闻观是新闻舆论工作的灵魂①。2018 年,习近平总书记出席全国宣传思想工作会议时再次强调要坚持党对意识形态工作的领导权②。完成新形势下宣传思想工作的使命任务,必须以新时代中国特色社会主义思想和党的十九大精神为指导,自觉承担起举旗帜、聚民心、育新人、兴文化、展形象的使命任务③。

作为培养新闻舆论工作者的重要基地,高校新闻院系的马克思主义新闻观教育至关重要,这是因为新闻院系学生在校期间所形成的新闻观会直接影响到其今后参与的新闻舆论工作,进而关系到整个社会的新闻观状况。结合新闻传播学院基层党组织特点、专业特色与学生工作特点,上海外国语大学新闻传播学院将党建工作与思想政治工作相融合,与学科建设相结合,与教学科研、人才培养、师资队伍、国际化推进及国家战略对接和社会服务紧密结合在一起。新传学院致力于"创新党建形式、搭建多元平台、传递中国声音",构建了以"党建＋"为核心的创新模式,融合学科建设、思政教育、实践平台和智库建设,以党建引领学科,以学科推动党建。

---

① 高雷.习近平谈新闻舆论工作:治国理政、定国安邦的大事[EB/OL].人民网—中国共产党新闻网,2016－11－08.
② 李慎明.坚持党对意识形态工作的领导权[EB/OL].求是网,2018－10－31.
③ 张晓松,黄小希.习近平:举旗帜聚民心育新人兴文化展形象,更好完成新形势下宣传思想工作使命任务[EB/OL].新华网,2018－08－22.

第一节　以党的建设为引领

为把党建工作与中心工作深度融合,发挥党支部战斗堡垒作用和党员先锋模范作用,增强党组织的影响力和领导力,为学院的改革创新发展提供坚强的思想、政治和组织保障,上海外国语大学新闻传播学院党委依托部校共建创新新闻传播学院办学模式平台,精准定位学院特色,重点打造以党的建设为引领的"党建＋"创新管理模式。

一、加强组织领导,构建"多元分层式"党建工作团队

构建一支专业化党建工作队伍,以保证正确的方向、充沛的资源与多元视角对于高校而言至关重要。为此,上海外国语人学新闻传播学院党委推出"多元分层式"党建工作团队。横向上,打造一支融合党政班子、专业教师、舆情中心研究员、思政辅导员、学生党员的"多元式"党建工作团队;纵向上,联合教工党支部、研究生党支部以及本科生党支部三类党的基层组织,形成"分层式"基层支部建设。学院"多元分层式"党建工作团队致力于发挥领导班子这一"大脑"的领导作用,融合专业教师这一"智库"的专业视角,引导学生这一"主体"理解新闻传播特色,学习国家大政方针和习近平总书记系列重要讲话,引导师生专业实践。此外,学院配备1名专职组织员,充分发挥他们的专职专责作用。

二、开展创新模式,打造"党建直播间"精品项目平台

在"多元分层式"党建工作团队的引领下,新传学院党委紧密结合专业设置,效仿央视等主流媒体的《焦点访谈》等访谈类节目,结合时政热点内容,采取模拟直播形式,借助新闻传播学院融合媒体实验室,通过学生主播、交流访谈、现场录制、后期制作等形式,打造结合热点时政内容的"西索新

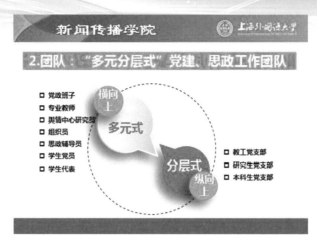

"多元分层式"党建工作模式

语·党建直播间",以《习近平谈治国理政》一书为线索,围绕其中十八个主题,开展专题化的访谈采访与交流互动等多形式的系列组织生活。

直播间以文化建设与国家软实力发展为主线,拓展专业实践课教学,引导专业教师与思政团队就高校学生党建共同开展"大政治课"实践教学。形成以学生党支部为单位,以专业教师为依托,以部校共建为契机,以资深记者为资源,融汇新闻传播专业知识、习近平总书记时政讲话以及大学生党建活动特点的系列化主题活动,使家国情怀、思政工作、媒体使命、学院发展等内容入耳入脑入心,进而带动全体师生共同学习。"西索新语·党建直播间"是党建、校园文化、思政和学生专业实践课有机融合的创新形式,更是以高校教师与学生的视角学习领会国家战略方针,传递中国声音的创新党建平台。

三、突出融合特点,形成"块面耦合式"长效机制制度

上海外国语大学新闻传播学院基层党建以多元党建团队为指导,党建工作的开展不以"理论到理论"为出发点,而是"以终为始",发挥党建思想引领作用,将党建工作与思政工作、学科建设、教学科研、人才培养、师资队伍、

国家战略、社会服务等紧密结合,形成党建与多板块内容交融,党建有效引领的"块面耦合"长效机制。"块面耦合"意指彼此间互不干涉牵制又不孤立分离,而是一种藕断丝连,自动适应交融的局面,最终达成教学、科研、社会服务深度融合相互促进的效果。"块面耦合式"长效机制是学院党建活动的指导制度。结合党组织生活与教学科研融合开展过程,形成"三位一体"格局,其具体表现如图所示。

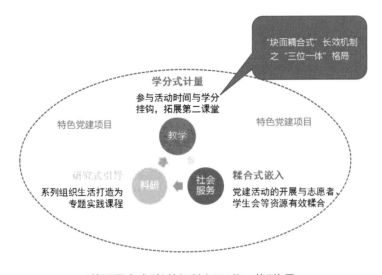

"块面耦合式"长效机制之"三位一体"格局

教学上将学生专业实践学分与"西索新语·党建直播间"系列组织生活密切关联,激发同学积极性的同时,拓展第二课堂;科研上将专业教师纳入团队,由浅至深,随着活动的深入开展与资源的通道有效打通,将系列组织生活打造为专题实践课程,引导专业教师与思政团队就高校学生党建等开展课题研究;社会服务上,将党建活动的开展与志愿者项目、分团委学生会等资源有效糅合,对接学院特色实践活动如"全球重大事件双语新闻报道项目""全球新闻报道暑期实践项目"等,力争实现"1+1>2"的系统化效果。

第二节　以学科建设为抓手

现代社会语境下,高校马克思主义新闻观教育是个具有紧迫性的重要命题,这直接关系着我国正全力推进的教育教学改革的发展态势和基本走向。学科建设作为我国高校整体教育教学体系中的重要组成部分,不仅对学生自身的思想价值观及其新闻观有着不可忽视的重要影响,同时对国家社会经济的长远发展和中华民族的伟大复兴也有着特定的时代意义。

上海外国语大学新闻传播学院结合当代的新媒体时代语境,以学科建设为抓手,通过与《中国日报》、上海市委宣传部部校共建新闻传播学院,与上海市松江区融媒体中心共建全球传播实训基地的方式,打造新时代新闻传播人才培养新模式。此外,新传学院师生在各种国际活动中发挥自身专业优势,传播良好的中国国家形象,升华文化认知,获得国家认同。

一、创新育人模式,共建新传学院

2017 年,中国日报社与上海外国语大学共建新闻传播学院,致力于共同培养有效传播中国价值观的"全球新闻人"。新闻传播学院与中国日报社联合开发课件,编写教材,搭建讲坛,组建海外背包记者团,开展暑期媒体精英训练营活动,安排学生前往新华社、中国日报、CGTN 等主流媒体单位实习,邀请中外嘉宾为同学们讲述专业领域的实际经历。与此同时,新传学院还将中国日报的新闻报道内容作为素材引入课堂,以英语课堂的专业学习为载体,润物细无声地做好党的核心价值观传播工作。

2019 年 2 月,上海市委宣传部与上海外国语大学签署共建新闻传播学院协议。上外新闻传播学院将致力于以马克思主义新闻观为统领,把上海外国语大学新传学院办成一流新闻传播学院;将牢牢把握新时代新媒体新形势下新闻人才培养规律,培养一流新闻传播人才;充分发挥学校的学科优

中国日报社与上海外国语大学共建新闻传播学院

势,解决新闻传播领域的现实问题,为上海市国际传播能力建设提供智库服务。

上海市委宣传部与上海外国语大学签署协议共建新闻传播学院

2019年7月,新闻传播学院与上海市松江区融媒体中心在区党建服务中心举行"新时代新闻人的誓言——不忘初心、牢记使命、践行'四力'"联合主题党日活动,同时进行共建全球传播实训基地的签约仪式,打造新时代新闻传播人才培养新模式。

新闻传播学院联合上海市松江区融媒体中心举办主题党日活动

二、发挥专业优势,传播国家形象

在全球化与信息数据化的今天,提高国家形象已然成为全球各国相当重视的战略目标之一。当前,我国正处于全面转型、加速崛起的关键时期,因此构建良好的国家形象对于我们而言有着更为现实而深刻的意义。进入21世纪,我们的党与政府充分认识到了国家形象的重要性,并且着手建立崭新的国家形象。对于如何提高中国的国家形象这个问题,我们需要进行深入的思考与全盘的规划。在对相关学者文献进行梳理的过程中,发现当前我国的国家形象构建工作往往忽视了一个重要环节即国家形象的意识培育。因此,作为高校,让学生们实际参与到国际活动中,既让学生亲身体会到在活动中传播中国国家形象的成就感,同时提高学生们的国家形象意识,则显得十分重要。

进入新时期新阶段,国家形象战略地位的不断升高与全球化的纵深发展是紧密相连的,正是有了全球化的时代背景,才催生了如何要提高国家形象战略的这一问题。构建良好的中国国家形象,其目的在于提升国家软实力,改善国际软环境,进而促进国家利益的实现。而国家形象的良好塑造可以通过打造友好中国的形象品牌,通过各种国际活动来呈现出当代中国的多重形象。因此,高校可以借助多种手段,利用多种资源来帮助国家塑造良好的中国形象品牌。

对此,上海外国语大学新闻传播学院充分发挥专业优势,致力于在各种国际活动中传播良好的中国国家形象。2018 年 6 月至 7 月,中宣部组建的首届"一带一路"媒体研修班在上外开班,来自"一带一路"沿线 12 个国家的13 家媒体资深记者参加;2019 年 5 月,第二届"一带一路"媒体研修班在上外开班,来自"一带一路"沿线 18 个国家的 19 位资深记者参加,通过专家讲课、学生志愿者讲解、实地参观走访等全面了解新时代中国经济社会发展成就,用第三只眼深刻认识了中国。此外,学院还承担了外交部、中宣部的多项任务,在亚洲新闻学院院长论坛、亚洲文明对话大会"亚洲文明与国际传播"学术沙龙、中东欧十四国外交部新闻发言人研修班、中国形象与全球传播国际研讨会等国际活动中,学院师生以良好的中国国家形象,传播升华文化认知,获得国家认同。

第三节 以思政教育为目的

对于高校而言,新时代下准确把握思政教育的变化规律与转变时机,加强分析思政教育中遇到现实问题的能力,有效提高思政教育的深度与广度至关重要。思政教育的顺利开展依赖于理论与实践方面两手抓。因此,在微媒介、新媒介、融媒介环境下开展思想政治教育,最根本的路径就是要坚持马克思主义的思想引领。与此同时,新时代的潮流也要求我们要坚持习近平新时代中国特色社会主义思想。所以,促进思想理论与思想政治教育工作有机统一与融合,推动新媒介环境下的思想政治教育工作始终沿着正确的道路发展是高校教育中十分重要的一环。

在我国现阶段的思想政治教育教学工作中,课堂授课仍然是最主要的教育形式,然而课堂授课形式比较单一,方法也比较死板,在教学过程中很难产生好的教育效果。因此,必须要拓宽思想政治教育的渠道,建立思想政治教育长效发展机制。新媒体环境下,在将课堂作为思想政治教育的主要阵地的同时,要自觉地用多种媒介手段融合起来解读知识点,来帮助学生理解思想政治教育理论知识。上海外国语大学新闻传播学院坚持以马克思主义新闻观为统领,引导专业课教学从课程体系设计、课堂教学开展、课外实践活动组织等一系列环节将马克思主义新闻观融入国际新闻传播人才培养的全过程。深入挖掘新闻传播专业各类课程、各教学环节和实践活动的思想引领和育人功能,形成各类课程及活动协同育人格局,把思想政治工作贯穿教育教学全过程,实现知识传授、能力培养与价值引领的有机统一,着力培养具有社会责任、创新精神、国际视野、专门知识、实践能力和健康身心的新时代新闻传播人才。

学院广泛建设学生真心喜爱、寓思想教育于专业教育的专业课程;重点培育一批思政元素丰富、具有引领作用的思政示范课程;开发一批具有新闻传播专业特点的系列特色活动;加强师资队伍建设,普遍提升教师融通思想教育于专业教学的综合能力;培养一批具有亲和力和影响力的课程思政教学名师并打造高水平名师团队;提炼一系列可推广的课程思政教育教学改革典型经验和特色做法;形成一套科学有效的课程思政教育教学质量考核评价体系。

一、"马克思主义新闻观进校园"学术沙龙活动

上海外国语大学新闻传播学院先后开展了多场马克思主义新闻观线上、线下系列讲座:邀请中国人民大学荣誉一级教授陈力丹为师生做讲座,

其主题是"将习近平'以人民为中心的工作导向'要求落实到新闻实践中";邀请浙江大学马克思主义学院副院长、教授代玉启老师,从时代新背景、文化新景观、青年新气象三个层次对当下青年文化进行解读,讲座主题是"新时代青年文化景观和启示"。新冠肺炎疫情期间,学院举办两场线上讲座,邀请复旦大学党委副书记、管理学博士尹冬梅为学院全体入党积极分子及学生干部带来了以"深化对增强党的政治建设的认识,树立远大理想,端正入党动机"为主题的讲座。7月,学院邀请新民晚报社党委副书记、纪委书记,教育学博士、副教授杨咏梅为学院师生带来了主题为"传承与创新——新民晚报90年的成长与蜕变"的线上讲座。

二、"不忘初心,牢记使命"系列活动

习近平总书记站在党和国家事业发展全局的战略高度,用"四个迫切需要"深刻阐述了开展主题教育的重大意义,为全党开展主题教育提供了根本路线①。上海外国语大学坚持目标导向、问题导向,把理论学习、发现问题、解决问题紧密结合,以理论滋养初心、以理论引领使命,推动主题教育取得实效。作为高校,上海外国语大学在学科发展、人才队伍、专业课程体系、人才培养和行政管理等方面认真查找问题,明确优势和短板,做好资源配置,并进行学理性思考。新闻传播学院开展21期"不忘初心、牢记使命"系列活动,令全体党员深入领会"不忘初心、牢记使命"主题教育的重大意义,牢固把握"不忘初心、牢记使命"主题教育的目标任务,切实增进每一位师生党员的思想觉悟和行动自觉。

新闻传播学院从2019年9月29日起开展"不忘初心、牢记使命"主题党日活动——"西索新语·党建直播间"系列组织生活"礼赞七十,一路繁花似锦,相约四代,共话新传今昔"。

---

① 唐淑楠.如何理解开展主题教育的"四个迫切需要"?[EB/OL].求是网,2019-07-05.

邀请"40后"退休教师胡隆,讲述自己与学院发展的故事

邀请"60后"校友代表——新闻传播学院院长郭可,讲述自己与学院学科发展的故事

邀请"70后"校友代表——音乐人王渊超,讲述自己创作《上外的路》背后的故事

邀请"80后"校友代表——著名主持人张丹枫,讲述自己在上外成长的故事

在祖国母亲第 70 个生日到来之际，新闻传播学院推出特别活动——"礼赞七十载 共'绘'新时代"。师生亲手绘制五星红旗钻石画，为中华人民共和国成立 70 周年献礼。新传师生利用课余时间轮番上阵，手工拼接出了这幅有着 18 万颗"钻"的庄严的中华人民共和国国旗。同学们在实践过程中既为祖国献出一份十分具有意义的礼物，同时也获得了自豪感与成就感。通过这样的方式，无形之中对同学们进行思政教育，实现了培养高校学生马克思主义新闻观意识的效果。

新传师生亲手绘制五星红旗钻石画庆祝祖国七十周年华诞

此外，新闻传播学院举办"不忘初心牢记使命，弘扬新时代尊师风尚"的主题系列活动以潜移默化的方式培养教师与同学们的马克思主义新闻观。2019 年 9 月，学院组织全体教职工分别前往松江与虹口这两地的影院，观看电影《一生只为一事来》以进行学习。观影结束后，许多教师都被影片中支教老师为教育事业奉献终生、不忘教育初心的坚定信念所打动。

2019 年 10 月，新闻传播学院领导班子进行"不忘初心、牢记使命"主题教育第六次集中研讨学习。学习研讨中，学院领导班子成员带领与会人员对《习近平新闻舆论思想要论》《习近平在哲学社会科学工作座谈会上的讲话》和《深入学习习近平关于教育的重要论述》中关于习近平新闻舆论思想、大学如何培养新闻传播人才等重要论述展开了学习。在研讨会中,班子成员指出学院要在中国对外传播人才培养、构建国际新闻传播理论和增强中国国际话语权等领域积极作为。结合对《习近平新闻舆论思想要论》的学习,国家在整体国际传播实力提升的情况下,国际传播能力建设急需加强,这需要坚持新时代习近平新闻舆论思想原则,积极解决全球传播所面临的学界研究与业界运作差异、应用研究与学理研究差距、国内研究与国外研究差距等问题,构建中国国际话语,建设人类命运共同体,在马克思主义新闻观指导下推动新闻传播学科建设。结合学习《深入学习习近平关于教育的重要论述》,学院领导班子围绕坚持立德树人的根本任务,一致认为新闻传播的人才培养要坚持以社会主义核心价值观来引领,正如习近平总书记所说"人生的扣子从一开始就要扣好①"。与此同时,领导班子成员分别跟进学习,分享了学原文、读原著、悟原理的体会,并结合工作岗位对如何落实有关要求进行了交流。

上海外国语大学党委书记姜锋参加学院领导班子集中学习研讨会

---

① 李辉卫.人生的扣子从一开始就要扣好[N/OL].学习时报,2017 - 05 - 03(002).

研讨会中,班子成员建议学院要进一步强化教育引导、实践养成、制度保障,社会主义核心价值观要贯穿到人才培育、教育教学和学生工作的全过程,才能培养担当民族复兴大任的新闻传播人才。作为在一个以研究国际新闻与国际传播为主要教学与研究重点的学院,更要有所担当,在提高中国话语的国际影响力与培养高端人才上要更加努力。面对全球格局的新趋势,急需构建中国特色国际传播理论,更要以中国特色的理论来培养中国的国际新闻传播人才,培养能为增强中国国际传播力服务的人才。上海外国语大学新闻传播学院要站在教学与研究的制高点,制定一流的研究生培养方案,产出一流的国际新闻与传播的研究成果。在主题教育全过程中,学院领导班子要坚持原原本本学、集中研讨学、融会贯通学,要继续发扬好的学风,把主题教育引向深入,推动学院改革和学科发展,为国家培养更多高质量的新闻传播人才。

2019年10月,新闻传播学院组织师生党员一起学习时代楷模和交大西迁老教授等先进事迹的主题教育会议。老师与学生党员们围绕"奋斗的我,最美的国"进行了集中学习与讨论。学习会上,老师为同学们讲述了各位楷模的先进事迹:老英雄张富清,一辈子坚守初心、不改本色、深藏功名、埋头苦干、履职尽责、忠心报党报国;黄文秀带着对家乡的眷恋、对脱贫攻坚多做点事的使命,义无反顾回到家乡,投身到党和人民最需要的地方;黄大年心有大我,至诚报国,放弃了在英国优厚的待遇,怀着一腔爱国热情返回祖国。这些真实的故事,让在场的师生党员们真切感受到了这些时代楷模不忘初心本色,"无我"奉献的可贵精神,激励着所有师生汲取榜样的力量。通过这样集中分享故事会的方式,实现让同学真实学习马克思主义新闻观、实际感悟爱国情怀的教育效果。会后,同学们在微信群里分享感悟的时候也表示通过这场主题教育会议,自己深受鼓舞,今后会坚持学思悟践、知行合一、努力奋斗、报效祖国。

2019年10月17日,新闻传播学院开展了"不忘初心、牢记使命"学习调研会。此次调研会主题为"马克思主义新闻观"新闻传播人才培养交流会。

在此次调研会上,班子成员首先强调作为当代新闻传播人才,拥有"马克思主义新闻观"是一件至关重要的事情,并重申"马克思主义新闻观"的形成过程是与时俱进、不断充实完善和创新发展的。新闻传播学院要牢记习近平总书记在全国宣传思想工作会议上发表的讲话,"坚持提高新闻舆论的传播力、引导力、影响力、公信力,坚持以人民为中心的创作导向,坚持营造风清气正的网络空间,坚持讲好中国故事、传播好中国声音①"。当今社会信息传播速度之快,信息之繁杂,都为新闻传播带来不同程度的影响。例如,网络社交媒体的种类多样,用户数量庞大,传播信息快速,这些特征既为新闻舆论传播带来益处,又为辨别信息真伪、及时阻止虚假信息传播带来难度。

学院组织"不忘初心、牢记使命"学习调研会

结合学习《马克思主义新闻观十二讲》,班子成员指出学习和贯彻马克思主义新闻观,有利于促进新传学院马克思主义新闻观的理论研究和教育教学,并为加强新传学子的政治素质、思想水平、道德修养和今后步入职业生涯,作为新闻工作者的职业能力发挥着积极作用。此外,班子成员也对新

---

① 强起来! 习近平为新形势下宣传思想工作划重点[EB/OL].新华网,2018-08-23.

传学院的专硕同学们表达了殷切的期望,希望同学们可以好好把握双导师制为他们带来的优势,抓住每一次与各自业界导师见面交流学习的机会,从而更好地将马克思主义新闻观贯彻落实到实践中去。无论是在学习中还是未来的职业生涯里,期望同学们都能自始至终保有新闻从业人员的初心,牢记作为新闻人的使命,始终坚持党性和人民性的统一,把正确的政治方向放在舆论工作的首位,把党性原则作为新闻舆论工作的根本原则。正如现任上海广播电视台总编室和人力资源部副主任路军老师在此前的业界导师交流会上所说,作为一名新闻记者,要时刻做好准备冲在新闻的第一线,对新闻热点时事具有极为敏锐的嗅觉,要有吃苦耐劳的精神,时刻反思自身作为新闻人员的初心。

学院党委书记为全院教师党员上党课

2019 年 10 月新闻传播学院开展"不忘初心·牢记使命"主题党日集体观影活动,组织研究生党支部学生党员观看爱国教育题材国庆献礼片《攀登者》和《中国机长》。支部党员在出发前分享了近期各自在观看的纪录片和国家宣传片等国家形象、国家复兴文化战略中的文艺作品,表达出对我国所取得伟大成就的自豪感。观影后,党员同学们纷纷被这两部电影恢弘的气势、惊心动魄的情节和感人肺腑的故事深深震撼。

2019 年 10 月 18 日,新闻传播学院党总支组织全体教工党员开展"探寻红色记忆,不忘入党初心——参观中共四大纪念馆"主题党日活动。学院党总支组织来到了位于虹口区四川北路绿地公园内的中共四大纪念馆,邀请讲解员现场授课,以这样生动的方式对全体教工党员进行思政教育。中共四大纪念馆坐落于虹口区四川北路绿地公园内,由序厅、主展厅、影视厅和以"红色足迹——中国共产党在虹口"为主题的副展厅组成,将党史知识与文化内涵融合,展示了中共四大召开的历史和虹口的光荣革命历史。绿地公园设计更是复原了当年会议召开时的路线,石库门造型的房屋图案、上海里弄、年轮大道等元素的注入,使大家身临其境,感受历史脉络。在参观过程中,党员同志们跟随讲解员,仔细参观了展厅内丰富的文物、手稿、照片、图片以及音像资料。透过一幅幅珍贵的历史照片和文字记录,党员们清晰地了解了中共四大召开前后的历史环境,体会老一辈革命家的伟大事迹和坚韧不拔、不屈不挠的革命精神。

学院组织教师党员参观中共四大纪念馆

为加强党的基层组织建设,提升学生党员党性修养,2019 年 11 月 13 日新闻传播学院研究生第二党支部举办以"学习党的十九届四中全会精神"为主题的知识竞赛。此次党建知识竞赛考查内容丰富,融知识性、教育性、实用性、趣味性为一体。题目涵盖了"党的十九届四中全会精神"、《习近平总书记系列重要讲话读本》等知识点,让党员同学们在轻松的氛围中既巩固了党的理论知识,又认识到学习党的理论知识的重要性,对全体党员同学进行了一次生动直观的教育,让党建知识深入人心。同时,本次活动对加强党员同学的自身建设和党支部理论建设也起到了积极的推动作用。

2019 年 11 月 11 日下午,上海外国语大学新闻传播学院背包记者团前往莫斯科郊外五一村,参观中共六大会址常设展览馆,重温了那段低潮奋进的历史。展览馆副馆长为记者团成员介绍了这座建筑的历史。14 日上午,背包记者团来到莫斯科中华人民共和国驻俄罗斯联邦大使馆进行参观访问。大使馆新闻参赞苟永海亲切接待了记者团成员,围绕新时代中俄全面战略协作伙伴关系、中俄媒体交流情况以及如何开展对外传播等话题,为记者团成员带来了精彩的一课。通过此次学习,同学深度学习,亲耳聆听,实际体验,在无形之中提高了自身的马克思主义新闻观。

三、"学'四史'守初心"主题教育系列活动

上海外国语大学新闻传播学院时刻谨记要牢牢把握主题主线,推动"四史"学习教育活动,引导师生党员知史爱党、知史爱国、知史奋进,将"四史"学习教育更好地统一到学思践悟习近平新时代中国特色社会主义思想的高度上来,引导师生党员从"四史"学习中更好地感悟信仰之力、理想之光、使命之艰、担当之要,把"四史"学习教育更好地体现在践行"不忘初心、牢记使命"的行动上。

新传学院将"四史"学习教育作为学院党员学习教育和党组织生活的重要内容,做到抓在经常、融入日常,贯穿基层党组织全年组织生活始终。各支部认真贯彻落实,将"四史"学习教育融入"三会一课"和主题党日等组织生活,鼓励党员用好"学习强国"平台加强自学;在现场和联动学习中,酌情考虑开展实地学习考察活动与区城化党建合作单位联动学习活动;鼓励教

师党员多学"四史"、学好"四史",推动学院本科专业课程思政"课程链""课程思政"课程建设项目中增加"四史"学习教育内容;在毕业季、入学季、"七一"党的生日、教师节、国庆节等重要时间节点上,把"四史"学习教育与各项活动有机结合。

5月26日,新闻传播学院召开"四史"教育专题学习活动,组织师生党员线上观看《"四史"学习教育系列讲座(第一期)——赵启正:三十而立,浦东软实力》。国务院新闻办原主任、首任浦东新区管委会主任赵启正在讲座上讲述了浦东开发开放30年的点滴细节。回顾了浦东发展30年的历程,梳理了开发浦东所坚持贯彻的路线,阐释了浦东是如何一步一步走向繁荣和现代化的。会议上,赵老师指出浦东开发的"软成果",第一个就是坚持中国特色社会主义思想,有克服困难的决胜信心;第二个是在地球仪旁思考浦东开发。1992年党的十四大明确提出,以浦东开发为龙头,进一步开发长江沿岸城市,尽快把上海建成国际经济金融贸易中心之一。因此,浦东一开始就定位于"新区",这个"新"字的背后应当有更高的标准。讲座结束后,各支部展开了积极的交流和讨论,分享自己对于"四史"教育专题学习活动的收获。

上海外国语大学新闻传播学院从党史、改革发展史与社会主义发展史三个方面为全院师生推荐了一份"四史"学习教育的入门书单以更好地实现马克思主义新闻观教育。习近平总书记在"不忘初心、牢记使命"主题教育总结大会上强调指出,只有坚持思想建党、理论强党,不忘初心才能更加自觉,担当使命才能更加坚定,要把学习贯彻党的创新理论作为思想武装的重中之重,并同学习党史、新中国史、改革开放史、社会主义发展史(下称"四史")结合起来①。"四史"是中国共产党近百年奋斗史、新中国70多年成长史、改革开放40多年奋进史和世界社会主义运动500多年发展史,整体来讲,是中国共产党为人民谋幸福、为民族谋复兴、为世界谋大同的实践史,中国共产党的领导是"四史"的主线。古人有言:史乃"述往以来者师也,经世

---

① 胡伯项,于楠.不断增强思想建党、理论强党的坚定性与自觉性[EB/OL].人民网,2020 - 02 - 05.

之大略"。在今天对"四史"的学习和借鉴,是中国共产党人从初心出发"究天人之际、通古今之变"以经世致用。只有这样才能不负韶华,砥砺前行,追梦不负初心,以"四史"学习铸就中华民族伟大复兴中国梦。推荐的"四史"学习教育入门书单包括《中国共产党创立之路》《中共党史百人百事(第2版)》《伟大的开端》《中国新觉醒》《新时代的历史大视野》《改变中国:经济学家的改革记述》《记忆中国:新闻串起的历史》等以不同角度了解中国的四史教育图书。

此外,新传学院与德语系联合举办"学'四史'、守初心"主题教育系列活动之"担当、使命、睿智"——上海改革开放的精神品质线上主题讲座,邀请到中共上海市委党校党史党建教研部历史学博士王瑶副教授主讲,两院系近百位师生党员在线参加直播讲座。本次讲座分为"强烈的责任心与使命感""敢为天下先的创新精神"和"攻坚克难的胆识与睿智"三个部分,王瑶老师通过生动的故事、典型的案例,回顾了上海改革开放的历程,向师生展现了其中体现出的精神品质。讲座中,王老师对20世纪80年代改革之初上海的境遇以及上海党员在当时的背景之下如何担当使命进行了介绍。80年代,有三大问题困扰上海:环境、交通、住房。当时的上海,工厂多,绿化少,环境污染严重;早晚高峰,公共交通系统的"惨烈"程度全国闻名;人均居住面积少,生活设施差,生活质量堪忧。当时的上海经历着改革历史上的灰暗时期。在这样的历史阶段,无数党员表现出了对于这座城市的忧患意识,并迅速将这样的使命感转化为工作中的动力。上海并非一开始就是全国改革的排头兵,但强烈的责任心与使命感促使着党员们带领上海人民勇于创新,化解困难,加速追赶。随后,王老师通过"九四专项"和浦东开发开放等生动案例,介绍了上海在改革进程中体现的敢为天下先的创新精神。在"九四专项"的案例中,上海学习外国"建设、经营、转让""取之于民,用之于民"等成功经验,开创性地利用外资解决了改革所需的资金问题,撬动上海城市面貌变化的起步发展。浦东开发开放是上海乃至中国改革开放历史的重大事件,上海在做到保证坚持社会主义方向、保证服从国家宏观调控和保证每年超额完成财政上交的"三保证"前提下,大胆率先改革、自主改革和自费改革,以敢闯敢拼的精神克服"国企改革,百万工人大转岗"和"市政改造,百万居民大动迁"的"两个一百万"难题,最终成功实现"一年一个样,三年大变样"的目标,上海的城市面貌焕然一新。

在上海这样的大城市中,改革既需要胆识,又需要智慧,"既要干得好,又要干得巧"。在讲座的第三部分,王老师精彩讲述洋山深水港决策的案例,生动展现了广大党员如何以细致认真的科学态度解决改革进程中遇到的难题。现在,洋山深水港是上海"五大中心"建设之一——国际航运中心,而上海从1995年提出想法,到2005年最后建成,花了整整10年时间。上海十年磨一剑做出的重大工程,全面体现了上海党员干部落实国家战略的眼光,科学论证的精神,以及大气谦和的胸怀。可以说,如果没有当年的大胆闯、大胆试,就不可能有今天上海的发展。这是上海历史上波澜壮阔、荡气回肠的40年。讲座的最后,王老师强调,回顾历史是为了了解上海的过去,更是为了知道上海今天的前进方向。王老师激励大家在不同的工作岗位上,发挥出自己的党员责任,把上海建设得更加美好。

王瑶老师带领大家对上海的改革开放史进行了详细而生动的回顾,展现了上海敢为天下先的精神,对师生党员非常有教育意义和启迪意义。德语系党员教师表示从时代困局到改革开放排头兵,上海不仅为中国献上了美丽的答卷,更向世界展现了独特的个性和非凡的高度。新闻传播学院党员教师谈到,历史是延续的、贯通的。上海是中国共产党的诞生地,也是社会主义建设的重要阵地、改革开放的前沿阵地。将党史、新中国史、改革开放史、社会主义发展史贯通起来,就能和上海的地方史、浦东开发开放史等我们身边的历史打通。讲座为大家全景展示了上海的改革开放历程,有阵痛,有思考,更有敢于担当、敢为天下先的城市精神。通过此次的讲座,同学们不仅对上海的发展史进行了学习,同时也学习了敢为天下先的上海精神。

为进一步贯彻落实"四史"学习教育的有关部署,推动"学习型、服务型、创新型"党组织建设,督促党员利用"学习强国"平台学习理论知识,激发广大党员学习热情,推动学习活动深入开展。新闻传播学院党委在全院党员中开展"学习强国"学习竞赛和表彰活动,让初心薪火相传,把使命永担在肩。新传学院将2020年6月定为学习竞赛月,其间选取两周,给同学们时间以进行马克思主义新闻观学习。最终,学院以同学们的学习积分作为评奖参考依据,评选表彰学习竞赛学习先进个人、学习标兵和学习先进党支部以调动大家对于马克思主义新闻观的学习热情。

同月,学院借助文字可以记录历史也可以畅想未来,声音可以赋予文字温度和情感的特性,在"七一"建党节来临之际,开展"诵读红色经典 唱响时代旋律"主题活动,用特别的方式庆祝党的生日。此次"读经典"分为三个部分:读经典、诵经典和唱经典,用经典坚定初心,用声音传达力量。同学们可以选择自己感兴趣的红色经典著作节选、党章党规和习近平总书记经典论述等进行音频或视频录制,或者选择红色经典诗词进行音频或视频录制,抑或选择红色歌曲进行音频或视频录制。学院选取优秀作品进行宣传并给予表彰,使得同学们发挥自身专业优势、调动自身学习热情,在提高自身马克思主义新闻观素养的同时,为祖国献出自己的心意。

学院策划诵读红色经典活动

新闻传播学院不仅着手于对在校师生马克思主义新闻观素质的培养,同时也注重对毕业生的马克思主义新闻观教育。2020年6月,2020届毕业生即将离开校园之际,新闻传播学院在致毕业生党员一封饱含心意的信中,新传学院党委向毕业生们送上了真挚祝福和殷切希望,让党的温暖和母校的关怀,陪伴毕业生坚定地踏上新的人生征程。在信中,党委表示希望毕业生能牢记党员身份,强调成为一名光荣的中国共产党员,是党员们一生为之骄傲的政治选择。离校在即,希望毕业生党员为学弟学妹树立好的榜样,给校园生活画上完美的句号。走出校门后,希望毕业生党员继续践行"两学一做",不忘初心,牢记使命,做"四讲四有"合格党员。与此同时要矢志荣校报国。2020 年全院师生共同经历了突如其来的新冠肺炎疫情,感受了全国人民的守望相助、众志成城、同舟共济,见证了中国力量、中国速度和中国精神。不忘精神家园,毕业生党员要始终牢记"上外新传人"的身份,学校发展需要汇聚各方力量,更加需要已毕业学生的参与。希望毕业生可以常想母校、常念母校,关心支持母校发展,母校永远是毕业生的坚强后盾。希望毕业生涵养家国情怀,不忘初心,牢记使命,做一名有理想、有本领、有担当的新时代青年;只争朝夕、不负韶华,勇做走在时代前面的奋进者、开拓者、奉献者;学以致用、扎根基层,努力使自己成为祖国建设的有用之才、栋梁之材,让青春在党和人民最需要的地方绽放绚丽之花。

此外,为了进一步推进"四史"学习主题教育,激励全体毕业生党员坚定理想信念,锤炼意志品质,做合格党员,新闻传播学院于 7 月召开了 2020 届毕业生党员离校教育座谈会,主题为"在学思践悟中坚定理想信念 在奋发有为中践行初心使命"。党员教师与毕业生党员齐聚一堂,共话新时代青年党员的理想与信念、初心与使命。部分党员线下参加座谈会,受疫情影响未能及时返校的党员同志通过线上会议的方式参加了活动。本次离校教育活动是毕业生党员走出校园前全面进行的理想信念、初心使命再教育,有助于毕业生党员牢记母校嘱托,担当青年使命,同时强化党员服务意识,走好人生路,坚定理想信念,践行初心与使命。

学院为毕业生党员制作的纪念品

学院组织毕业生党员座谈会

毕业生党员合影留念

2020年5月,教育部印发了《高等学校课程思政建设指导纲要》(以下简称《纲要》)①,并于6月8日组织召开"全面推进高等学校课程思政建设工作视频会议",对"高校课程思政建设干什么、怎么干、谁来干"进行全面部署。7月13日,新闻传播学院组织全院教师大会,集体学习《纲要》,受疫情影响未能到会的老师线上参加了会议。会议上,全体教师首先学习了《纲要》的全文内容,同时指出全面推进课程思政建设是落实立德树人根本任务、有效开展大学生思政工作的重要举措,也是全面提高人才培养质量的重要任务。学院党委将高度重视课程思政建设。结合习近平总书记对新时代思政课教师提出的"六个方面素养"的总要求,即"政治要强、情怀要深、思维要新、视野要广、自律要严、人格要正",要求教师找准自己的"角色"、上出自己的"特色",提高课程思政的针对性和实效性②。比如学院深入挖掘抗疫斗争这一

---

① 教育部关于印发《高等学校课程思政建设指导纲要》的通知[EB/OL].中华人民共和国教育部,2020-06-01.

② 吴满意,杨敏."政治要强":思政课教师的鲜亮本色[EB/OL].中国共产党新闻网,2019-04-30.

主题,把中国力量、中国精神、中国效率结合到专业课的教学内容之中,提升学生的制度自信、道路自信。同时,把"四史"学习融入专业课程教育,更好地挖掘专业课程中育人元素,充分展现专业课程思政的育人功能。

学院党委指出课程思政建设成效将作为"双一流"建设监测与成效评价、学科评估、本科教学评估、一流专业和一流课程建设、专业认证、"双高计划"评价等重要参考内容。学院要对标国家"双一流"建设要求,构建起更高水平的人才培养体系,让所有学生都有感悟、有收获,在全院教师的共同努力下,推进新闻传播学科的建设和发展。本次集中学习研讨对于全院教师增强课程思政意识、促进课程思政建设、形成课程思政良好氛围、助推"课程思政"与"思政课程"同向同行具有积极意义,有助于切实贯彻落实立德树人根本任务,构建全员全程全方位育人格局。下一阶段,学院将继续推动课程思政内涵式发展,以"四史"学习教育为新发力点,培养一批政治坚定、业务精湛的新闻人。

第四节　以实践平台为载体

近年来,随着移动互联网的快速发展,大众传媒形成了传统媒体、网络媒体和移动互联网媒体共存的"全媒体"格局。事实证明,"全方位"多种媒体的深度融合已经推动了信息传播进行了深刻改革,眼下"媒体互融"的融媒体时代已经到来。作为站在时代前沿的高校学生,必然会受到信息传播革命所带来的深远影响。而这给高校的思想政治教育既提出了全新的工作要求与重大挑战,又带来了重要机遇。如何实现思想政治教育工作与融媒体的紧密结合,探寻提升学生马克思主义新闻观素养的策略,是当前高校思想政治教育工作者面临的一项紧迫课题。

融媒体的功能优势在于能够有效促进高校思想政治教育工作。融媒体可以通过资源整合的方式,将原有媒体与新型媒体的资源予以整合,借助种类繁多的媒体形式为高校思想政治教育工作提供更为广阔的教育资源以及教育平台。与此同时，融媒体具备互动性较强的特点，以功能优化的特点弥补了以往思想政治教育单向灌输的传统模式，实现了教师与同学互动的愿景。通过信息传播速度快、范围广以及互动性强的多功能模式，更好地实现"以人为本"的教育理念。此外，在融媒体环境下利用网络新媒体平台对思想政治教育载体、文化载体、公共信息传播载体进行创新管理，这为高校思想政治教育提供了新的工作方式与全新模式，为强化思想政治教育工作成效提出了重要途径。上海外国语大学新闻传播学院充分发挥专业优势以及学院的技术支持，在融媒体的大背景之下，学院党委通过创建党建平台"西索新语·党建直播间"以及探寻红色记忆实践项目——"Walk With Me 团队"、背包记者团等新颖模式，从树立融媒体发展理念、利用融媒体技术、设计融媒体传播内容、创新融媒体传播方式等方面，探寻符合融媒体时代发展的思想政治教育工作发展之道。

一、推出党建活动平台——"西索新语·党建直播间"

上海外国语大学新传学院打造了"薪火相传"这一学院精品品牌的微信公众号，时常推送学院工作内容、讲座预告、背包记者团实践成果以及马克思主义新闻观的相关教育内容。关注人数以及浏览量都相当可观，充分展现了新传学院以专业优势开展思想教育工作的特点。不仅如此，学院还在融媒体背景下，推出了创新党建平台"西索新语·党建直播间"。

在"多元分层式"党建工作团队的引领下，"西索新语·党建直播间"系列组织生活在形式上效仿央视等主流媒体的《焦点访谈》等节目，以《习近平谈治国理政》一书为线索，围绕其中包含的十八个主题，开展专题化的访谈采访与交流互动。直播间以文化建设与国家文化软实力发展为主题，拓展专业实践课教学，引导专业教师与思政团队就高校学生党建共同开展"大政治课"实践教学。整体上形成以学生党支部为单位，以专业教师为依托，以部校共建为契机，以资深记者为资源，融汇新闻传播专业知识、习近平总书记时政讲话以及大学生党建活动特点的系列化主题活动，使家国天下情怀、媒体使命、新传大发展、思政工作等热点内容让党员入耳入脑入心，进而带动全体师生共同学习。

"西索新语·党建直播间"活动获得人民日报、新民晚报、澎湃新闻、青年报、人民网、上海基层党建网等主流媒体专题报道，在"对标争先 创新发展"上海市教卫党委基层党建工作特色项目交流展示会上作为开场节目做了展演。目前，直播间已开展"喜迎十九大——美丽中国在心中""走进十九大——一带一路与我的未来""舌尖上的中国传统——学习两会精神，讲好中国故事""马克思主义在身边——纪念马克思诞辰 200 周年记者招待会""再见大学，你好明天""以综合素养书写精彩人生，以爱国奋斗精神铸就青春底色""毕业生党员临行献礼——不忘初心，牢记使命，砥砺前行"等活动。

"西索新语·党建直播间"之"走进十九大——'一带一路'与我的未来"

"西索新语·党建直播间"之"马克思主义在身边——纪念马克思诞辰 200 周年记者招待会"

学院"西索新语·党建直播间"组织生活案例参加上海市十佳组织生活案例展演

二、探寻红色记忆实践项目——"Walk With Me 团队"

如何拓展思政课的教学渠道，提升学习者的学习热情以及学习效果是高校教育工作者们的重要课题。新闻传播学院基于活动理论,以学生主题为原则,借助时下最为流行的 Vlog 模式以及上海的地理优势创建探寻红色记忆实践项目——"Walk With Me 团队"。在实践过程中,既能让参与同学亲身实践到探寻红色记忆的实践项目之中,又能让吸引其他的同学看到整个项目的实践过程,实现高校马克思主义新闻观教育的广度与深度。

为促进社会实践与党建结合,让社会实践成为一堂生动的党课,学院选拔优秀的社会实践骨干学生,组建"Walk With Me 团队",探寻红色记忆,传递红色精神与中国道路、中国梦想。目前,已完成 4 个项目,分别是《第一弹——朝花春拾×踏寻过去的春天》《第二弹——云过天空×一湾江水,两段时光》《第三弹——垃圾分类×奔跑吧,西索儿!》《第四弹——对话上海×妙哉滨江人与景》。学院进一步提高学生理论联系实际的水平和对于党的路线和政策的理解,并探索党建与实践相结合的道路,努力承担让"红色精神有后继,青年终将接过这把接力棒"的使命。

《第一弹——朝花春拾×踏寻过去的春天》的 Vlog 中,同学来到鲁迅故居、茅盾故居和瞿秋白故居。在参观的过程中,讲解员向同学们介绍了故居主人们的生前事迹以及当时的历史背景,在实践过程中提高同学们的马克思主义新闻观素养。与此同时,同学们到鲁迅纪念馆参观,馆内陈列品重点展现了鲁迅在上海 10 年的社会活动和文化生活,在纪念馆的出口同学看到一处走廊的墙上用玻璃架摆满了与鲁迅先生相关的作品。通过实地体验的方式,将书本中的人物搬到实际,提升学生学习热情的同时,加深他们的学习记忆。

《第二弹——云过天空×一湾江水,两段时光》的 Vlog 中,同学们首先来到曾上演一场惨烈保卫战的四行仓库。四行仓库保卫战的结束标志着中国抗日战争中的一场重大战役——淞沪会战的结束。参加这场保卫战的中国士兵被称为"八百壮士",他们抵住了日军的多番进攻,掩护国民革命军八十八师及其他国民革命军向西撤退。这次保卫战的成功,重新振奋了因淞沪会战受挫而下降的中国军民的士气。2017 年 12 月 2 日,四行仓库入选

"第二批中国 20 世纪建筑遗产"。之后同学们来到建筑面积 2 万余平方米的上海城市规划展示馆。在 7 000 余平方米展示面积中,上海城市规划展示馆全面展示上海城市规划与建设成就,充分表达了"城市、人、环境、发展"的展示主题,被市民誉为"城市之窗"。馆内大量采用高科技手段,全面展示上海的城市未来蓝图。展示馆内有按上海市实际面积缩小 500 倍制作的城市模型、引人怀旧的上海 20 世纪 30 年代老街风貌,以及采用虚拟实境、幻影成像等高新技术手段呈现的上海未来都市景观。从四行仓库至上海城市规划展示馆的参观中同学们阅历史、看未来。上外新传的同学们行走上海,阅读上海,与上海一同成长。

《第三弹——垃圾分类×奔跑吧,西索儿!》的 Vlog 中,同学们探访了校园教室、研究生公寓和绿色小区静安桂花园,发现了城市垃圾分类实施的优点和不足。并且采访了同学与居民,以小知识提问的方式向大家有趣地科普了垃圾分类的相关知识。《第四弹——对话上海×妙哉滨江人与景》的 Vlog 中,同学们来到油罐艺术中心以及滨江大道和滨江滑板公园,亲身体验魔都魅力,感受城市品牌的美好。在这个过程中,潜移默化地培养高校同学的爱国情怀与马克思主义新闻观素养。

第五节 以智库建设为拓展

当前,良好国家形象的对外传播已成为我国的战略目标之一。而高端智库在国家话语权建构、对外传播等方面则发挥着十分重要的作用。智库是广义传播序列的一员,是国家软实力的重要组成部分。它的特点是提供知识和见识,同时也借由媒介传播一些基于认知/价值观而重组排序的信息。为实现新时代构建高质量国际传播体系的目标,我们应探索"智库＋外宣"的深度融合模式,创新相互促进的互动机制,以更好地讲述中国故事,阐述中国理念,展现中国形象。"智库＋外宣"的融合模式往往能够产生

"1＋1＞2"的效果,为中国新时代国际传播服务。而上海外国语大学新闻传播学院首先在外语方面有着得天独厚的优势,同时又能发挥专业优势在外宣方面进行深度探索,以智库建设的方式拓展自身的马克思主义新闻观教育模式。

2015年,由学院舆情分析专家、多语种专家、计算机与数据处理专家三个团队组建的国际舆情中心入选中宣部舆情信息工作直报点。2015年,学院聚集国际新闻传播研究的骨干力量,组建服务于中宣部的舆情工作核心团队。目前,核心团队成员共8人,包括5位教授、3位副教授,其中党员6名,组建舆情研究中心智库党小组。由中心常务副主任陈沛芹教授任组长。舆情中心以开放协同的理念,建立跨学科、跨语言的舆情工作平台。整合全校区域国别研究相关学科和人才资源,通过科研项目与多语种教师和专家合作,打造了强大的多语种舆情分析核心团队。

四年来,在中宣部舆情局的指导和推动下,中心充分发挥上外多语种语言的优势,致力于国际舆论和国际传播相关话题的研究,尤其是全球各国媒体的涉华新闻报道研究。目前,中心监测语种涉及27种语言,覆盖全球主要国家。根据事件紧急程度,舆情报告的周期分为急报、日报、周报、月报和季报等。最急的报告仅用30分钟。

十九大以来,中心发展跃上新台阶,在科学研究上提升层次,在承担国家重大项目、服务国家战略需求上取得了显著成绩。2016年、2017年获批上海市高校智库内涵建设项目,进入上海市智库建设梯队;2016年入选中国智库索引(CTTI)首批来源智库,2018年入选中国高校智库(特色)系统影响力前十名,中心已成为国内"多语种国际舆情"领域的高端高校智库之一,为中共中央宣传部、中共中央办公厅、国务院新闻办公室、国家卫生与健康委员会、上海市教育委员会、上海市委对外宣传办公室、上海市文化广播管理局等政府机构提供了大量高质量、针对性强的舆情咨询报告,获得各级政府部门高度肯定。

多年来,上海外国语大学新闻传播学院党建工作得到上级的充分肯定。

学院党总支荣获全国党建工作标杆院系;"西索新语·党建直播间"之"创新形式讲述中国故事"获得教育部全国高校"两学一做"学生党支部工作案例精品作品;"西索新语·党建直播间"之"魅力传播中国声音"获得 2018 上海市基层党建优秀项目。国际舆情研究中心荣获中宣部 2016 年度、2017 年度、2018 年度舆情信息工作"优秀单位"称号。

第五章

—★——★——★—

高校马克思主义新闻观教育的西索实践

党的十九届四中全会强调,要坚持马克思主义在意识形态领域指导地位的根本制度①。新闻舆论工作是意识形态斗争的前沿阵地,而高校新闻传播院系作为为党和人民培养合格社会主义新闻人才的重要摇篮,必须牢牢坚持以马克思主义新闻观为统领,担负起马克思主义新闻观教育的基础性和关键性工作,为党和人民输送理想信念坚定、专业能力过硬的新时代新闻传播人才后备军。

第一节　把马克思主义新闻观融入支部活动

一、以支部为单位,打造"西索新语·党建直播间"特色品牌

为拓展马克思主义新闻观教育的实践思路,上海外国语大学新闻传播学院将马克思主义新闻观融入支部活动,以党建为依托,推动马克思主义新闻观常态化、贯穿式教育,开展中国特色社会主义宣传教育,把全院师生团结和凝聚在中国特色社会主义伟大旗帜之下,积极培育和践行社会主义核心价值观,全面提高全院师生道德素质,培育知荣辱、讲正气、作奉献、促和谐的良好风尚。

---

① 坚持马克思主义在意识形态领域指导地位的根本制度[EB/OL].环球网,2020-08-07.

上海外国语大学新闻传播学院的前身是设立于 1983 年的国际新闻专业,经过三十多年来学院师生的不懈努力和建设,学院在人才培养、学科建设、国际化办学和学生实践品牌活动方面都取得长足发展,现已成为以"国际化""厚基础""实践型"为人才培养特色,以全球传播和国际舆情智库数据为研究重点的教学研究实体,孜孜探索,坚持创新,努力讲好中国故事,在国际新闻传播领域名列前茅。学院长期致力于探索栏目化、品牌化、专业化的新传特色党建活动,"西索新语·党建直播间"便是其中一面最为鲜明的旗帜。作为党员组织生活的创新尝试,"西索新语·党建直播间"系列组织生活会依托新闻传播学院融合媒体实验室,通过学生主播、交流访谈、互动点评等形式,借助现场录制、后期制作的制作模式,效仿央视等主流媒体推出的《焦点访谈》《新闻 30 分》等节目,打造出契合热点时政内容的模拟直播间。经过积极的探索和改进,"西索新语·党建直播间"形成了以学生党支部为单位、以专业教师为指导、以部校共建为契机、以资深媒体人为资源的特色党建品牌,策划了结合新闻传播学专业知识、习近平总书记时政讲话以及大学生党建活动特点的系列化主题活动,获得了《人民日报》《新民晚报》、澎湃新闻、《青年报》、人民网、上海基层党建网等主流媒体的专题报道。

(1)**重温革命历史,共建美丽中国**。为牢记历史,继往开来,紧跟党的步伐,为美丽中国的发展贡献上外力量,新闻传播学院"西索新语·党建直播间"借助党员视频展示来记录美丽中国并通过老党员故事分享来重温革命历史,使党员组织生活更具温度与态度。

为展现中国当下风貌,学院学生党支部积极组织党员在暑假期间,以"美丽中国在心中"为主题,策划、拍摄系列视频来呈现学生党员们眼中进步、发展、美丽的中国。学生党员用所学专业知识,以小见大,拍摄身边的美丽中国,内容涵盖暑期见闻、家乡变化等方面,时长 18 分钟的短片真实反映了学生党员们对祖国诚挚的热爱和深厚的感情。学生党员代表还走上演播台,现场分享了自己的拍摄初衷和感想体会,和台下的党员一起描绘祖国的进步、发展和美好。本次拍摄活动,不仅提高了学生党员的专业实践能力,还让他们更深刻地感受到祖国的强大和美丽。

为使年轻党员铭记历史，珍惜当下，直播间还邀请到了一位曾参加多次战役的老党员向学生党员们分享自己的抗战记忆，指出党员真正的荣誉在于责任和担当。老党员们百折不挠、无私奉献的精神值得当代每一位党员领会学习。

（2）**聚焦"一带一路"，争做优秀全球媒体人。**为加深师生党员对"一带一路"的了解，明确上外师生在"一带一路"建设中的职责和使命，新闻传播学院"西索新语·党建直播间"邀请校内外嘉宾、留学生代表、党员代表进行深度访谈，使受邀嘉宾和师生党员在互动中碰撞出思维的火花。

直播的开场短片由新传学生精心策划制作，从"一带一路"内涵、发展脉络、国际评价等方面出发，结合上海外国语大学的办学理念、教学定位，点明"一带一路"与上外学子息息相关的主题，带领现场上外师生共同领略"一带一路"的魅力。

邀请马丽蓉教授做客直播间

上外丝路战略研究所所长马丽蓉老师作为第一位登台的嘉宾，与学生主播共同探讨"一带一路"在全球扮演的角色，并鼓励上外人、新传人日后积极投身"一带一路"建设。习近平总书记在十九大报告中四次提到"一带一路",说明这是我国今后发展不变的大方向,且正引发全球学术界越来越多的关注和研究。正所谓家国不可分,师生党员应将个人理想融入国家"一带一路"布局,加之互联互通的趋势使得跨境旅游、国际交流、海外就业等更加频繁密切,以语言为专长的上外学子将更具优势,大有可为。

来自"一带一路"沿线地区的学生代表则以自身成长经历为主线,现场分享"一带一路"不仅促进了家乡的社会经济发展,还切实改善了当地民众的生活质量,表示毕业后愿服务于"一带一路"建设,积极投身家乡的建设与发展。

除了场内嘉宾和学生党员的交流互动,直播间还安排了场外记者连线。就读于上外的外国留学生们纷纷讲述了自己对于"一带一路"的理解,并分享了"一带一路"为其家乡带来的机遇与发展。

"一带一路"为沿线国家和地区带来变化的同时,也将如何向世界传递中国声音、讲好中国故事的课题摆到了中国媒体人面前。为此,直播间特别邀请《中国日报》驻华盛顿首席记者、美国版主编陈卫华先生,围绕如何构建"一带一路"传播话语权的话题为新传学子指点迷津,强调"全球传播人"最基本的素养在于保持对新闻行业的热爱及熟练掌握各种知识的能力。

在现场互动的环节中,嘉宾们就当代青年人在"一带一路"建设中的责任和担当、"一带一路"对外报道的关注重点等方面与现场由 30 位学生党员组成的观察团进行亲切交流。

（3）**紧扣时代主题,学习贯彻十九大精神**。为引领学生党员在十九大会议精神的指导下实现自我价值与社会价值,新闻传播学院"西索新语·党建直播间"采用校长寄语结合学习研讨的形式来学习贯彻党的十九大精神。

党的十九大贯彻了习近平总书记系列重要讲话精神和党中央治国理政新理念、新思想和新战略,为决胜全面建成小康社会、开创中国特色社会主义新局面吹响奋进的号角。大会召开当日,新闻传播学院组织学院师生观看了十九大开幕式,并策划举办了一场紧扣时代主题的党建直播间活动。

直播间邀请到上海外国语大学校长、新传学院本科生党支部联系领导李岩松老师与新传学生党员分享了他对习近平总书记十九大报告中相关精神的认识与解读,勉励同学们努力成为"会语言、通国家、精领域"的人才,发挥专业优势来服务国家发展。

上海外国语大学校长李岩松参加"西索新语·党建直播间"

随后,学生主播带领现场学生党员重温十九大报告,重点学习报告的第七部分"坚定文化自信,推动社会主义文化繁荣兴盛",并围绕发展社会主义文艺,推动文化事业和文化产业发展,促进文化软实力发展等议题开展研讨。广大新传学子、上外学子将牢记习近平总书记"青年兴则国家兴,青年强则国家强"的寄语,结合专业优势与个人特长,勇于实现自我价值与社会价值,在十九大精神的鼓舞和感召下不断开拓、创造美丽的中国梦。

(4) **学习两会精神,讲好中国故事。**为结合两会精神培养学生党员讲好中国故事的能力,新闻传播学院"西索新语·党建直播间"将理论学习与专业实践有机结合,在提升学生理想信念与理论水平的同时也增强了他们的专业素养和实践能力。

直播间以中华优秀传统文化为线索,结合两会精神,前期动员开展"寻找新时代的家乡·年味"主题寒假活动,现场展示由学生党员拍摄的春节习俗视频集锦,带领现场观众领略中华优秀传统文化的意义与价值。习近平总书记指出:"中华优秀传统文化是我们最深厚的文化软实力,也是中国特色社会主义植根的文化沃土。[①]"因此,我们应该积极响应党中央的号召,大力弘扬优秀中华传统文化,立足新闻传播学的专业视角讲好中国故事。

"西索新语·党建直播间"组织生活学习两会精神

学生主播通过学习视频和访谈特邀评论员,带领学生党员们深入学习领会相关精神。2018年是全面贯彻党的十九大精神的开局之年,3月召开的全国两会涌现出大量有关文化的议题。其中,中华优秀传统文化作为重要议题得到众多委员的重视与支持,保护和发展中华优秀传统文化成为社会与国家未来发展的重点内容。习近平总书记指出:"文化是一个国家、一个民族的灵魂。文化兴国运兴,文化强民族强。没有高度的文化自信,没有文化的繁荣兴盛,就没有中华民族伟大复兴。[②]"除此之外,文化自信和文化走出去也是两会中的高频词汇,受到广泛关注。中华优秀传统文化的具体表现是多维度、多层次的,青年一代应当积极传承发展。新传人更要坚持马

① 杨文全,谢磊.习近平谈中华优秀传统文化:善于继承才能善于创新[EB/OL].中国共产党新闻网,2017 - 02 - 13.
② 蔡利民.文化兴国运兴,文化强民族强[N/OL].光明日报,2018 - 06 - 07.

克思主义新闻观,注重通过软性的文化传播方式来建立良好的国家形象,运用文学、影视、舞台艺术、互联网＋新闻等形式进行传播,让中华传统文化"活"起来,"走"出去,携手营造良好的文化生态环境,助力发展具有中国特色的优秀文化。

（5）马克思主义在身边,纪念马克思诞辰 200 周年。为增进师生党员对于马克思主义的理解和认识,鼓励党员运用马克思主义指导日常的学习工作,新闻传播学院"西索新语·党建直播间"采用记者招待会的形式,通过诵读《共产党宣言》、马克思知识问答、嘉宾访谈等环节,围绕马克思及马克思主义进行深入探讨。

新闻传播学院党委书记带领学生党员们诵读《共产党宣言》,结合马克思的生平简介视频,引领同学们了解马克思生平的经历及其对世界所做的突出贡献,探访马克思主义思想足迹。

纪念马克思诞辰 200 周年之际策划"西索新语·党建直播间"组织生活

嘉宾访谈环节则进一步推进了学生党员对于马克思主义思想内涵的理解和认识。马克思流亡伦敦期间,不顾穷困潦倒,仍坚定信念、坚韧不拔地从事共产主义事业,激励当代党员自觉追求对世界的改造和对全人类的贡献,锲而不舍地推进马克思主义中国化,在实现个人价值的同时实现社会价值。对新传人而言,要充分发挥所学的专业知识,学习并传播马克思主义,用马克思主义武装思想、加强精神世界建设。马克思主义的诸多理论都能很好地指导当代的新闻写作,提高当代人看待事物的辩证性与客观中立性,优化人们理解世界的思维方式。

(6)**庆祝祖国七十华诞,传承初心使命**。为勉励学生党员在奋进之路上不忘初心、牢记使命,自觉将个人命运与国家发展联系起来,新闻传播学院"西索新语·党建直播间"邀请四位见证新闻传播学院发展的代表与学生党员们分享他们与新中国同呼吸、共命运,与上外同发展、共成长的故事。

教师代表和校友代表分别从教书育人和奋斗成长的角度回首往昔,分享感悟。"40后"教师代表胡隆老师表示,对教育事业的投入与付出不断加深着他对于校园的留恋和感情,于退休后选择继续担任学校教学督导也是希望能够继续为学校与学院的发展做出自己的贡献。在上外长达几十载的教学生涯中,胡隆老师积极响应学校的学科建设要求并服务人才培养的需求,不忘教书育人初心,首开录音技术课、广播电视概论课、市场调查与广告研究、教育技术与研究方法等课程,并长期坚守讲台,精进课程设置。"60后"校友代表、新闻传播学院院长郭可老师表示,学院长期谋求创新发展,推动教学模式和学科结构日益完善,然而,学院坚持外语与学科融合发展的创新教学科研模式,服务国家战略、培养国际新闻传播人才的初心始终未改。"70后"校友代表王渊超表示,自己在追逐音乐梦想的同时,积极践行感恩母校、回馈社会的使命。他不仅自主创作歌曲用以献礼学校和学院,还参与上海垃圾分类童谣、上海国际马拉松主题曲的创作工作,用上外人的方式歌唱学校,歌唱城市,歌唱祖国。"80后"校友代表蔡丹枫表示,自己能圆梦主持人离不开母校的栽培,上外所赋予的语言能力和国际视野极大地助推了自己的职业生涯,新传人要心怀感恩,向阳而生,在奋斗成长中牢记使命。

为进一步坚定学生党员们的理想信念,激励同学们在奋进路上砥砺前行,新闻传播学院党委书记在直播间带领全体新发展党员宣读入党誓词,铮铮誓言,铿锵有力,庄严承诺,久久回荡。新闻传播学院院长郭可教授为新发展党员授党徽、赠党章。

校党委书记姜锋在直播间现场对上外学子提出寄语。他指出，四代嘉宾的人生经历侧面反映了上外的历史、现在和未来。上外建校七十年以来，朝气蓬勃的精神与教书育人的初心一直延续至今。姜锋书记强调，个人的成长和国家的发展紧密相关，国家的发展给个人提供了无限机遇，而个人的成长又为国家的发展添砖加瓦。不忘初心，牢记使命，将个人的初心和国家民族的使命牢牢连结，是每一个上外人始终坚守的事情。

（7）**献礼建党百年——党史相册·世纪同框**。为了庆祝建党一百周年，新闻传播学院竭力打造精品党课，结合专业学习与教学实践，联合松江区融媒体中心开展建党百年"党史相册·世纪同框"主题党课。活动现场，上海外国语大学新闻传播学院将与松江区融媒体中心进行党建共建签约仪式，同时，联合松江区融媒体中心开展实践项目，举行"头号汽车"项目入驻签约仪式及上海松江英文 App 编辑部揭牌仪式。上海外国语大学党委书记姜锋、中共松江区委宣传部副部长、区新闻办主任、区融媒体中心党委书记陆忠新及 2019 级研究生冯子逸在现场分享了自己带有时代场景的照片，讲述照片背后的故事。同时，新闻传播学院师生历时一个月用 15 万颗钻石贴画绘制成一面党旗，献礼中国共产党成立一百周年。

联合松江融媒体中心举办"党史相册·世纪同框"主题党课

教工第二支部书记陈大可主持党课

上海外国语大学党委书记姜锋作为访谈嘉宾,讲述自己与上外的故事

松江区委宣传部副部长陆忠新讲述松江发展的故事

研究生冯子逸讲述爷爷作为一名乡村教师坚守岗位三十余载的故事

二、依托"多元分层式"党建队伍，推动专业化新传特色党建

高校党建工作需要服务引领大学"人才培养、科学研究、社会服务、文化传承与创新、国际交流合作"的重要使命，构建一支专业化党建工作队伍，以

保证正确的方向、充沛的资源与多元的视角。一直以来，新闻传播学院党委深入学习领会党的精神，将党建工作融入新闻传播学院学科建设与思政创新，从思想建设、组织建设等多层面着手，党政协同，把握大局，助力党建深入人心。

学院党委重视师生党员的思想建设和组织建设，确立党建工作"两个结合"工作理念，推出"多元分层式"党建工作团队。横向上，学院打造了一支以党政领导班子、专业教师、舆情中心研究员、思政辅导员、学生党员等为代表的"多元式"党建工作团队；纵向上，学院联合教工党支部、研究生党支部以及本科生党支部，形成"分层式"基层党组织。此外，学院配备1名专职组织员，充分发挥他们的专职专责作用。"多元分层式"党建队伍结构，发挥了领导班子"大脑"的领导作用，融合了专业教师"智库"的智慧视角，带动了学生党员"主体"的学习自觉，使各项党建活动得以深入开展。

新闻传播学院党建以多元党建团队为指导，"以终为始"开展党建工作，发挥党建思想引领作用，将党建工作与思政工作、学科建设、教学科研、人才培养、师资队伍、国家战略、社会服务等紧密结合，形成党建与多板块内容交融，党建有效引领的"块面耦合"长效机制。

党政领导班子层面，新闻传播学院党委通过科学明晰党政班子的职责范围，进一步加强学院党建工作责任制、意识形态工作责任制、党风廉政建设和党内监督工作责任制建设，提升理论性、系统性、针对性和持续性；精心构建党政联席会议为主要形式的工作平台，进一步强化了集体领导；着力提升领导班子建设水平，进一步强化了党政班子的整体功能；不断完善配套制度建设，进一步强化了运行规范。学院党委建立党政共同决策机制，形成党政合力，将监督保障工作贯穿行政业务工作全过程，其中包括：院长定期向新闻传播学院教职工代表大会报告工作，听取意见和建议；党委牵头健全党政联席会议、党委委员会议机制，将党政联席会议、党委委员会议作为决策学院各类事项、维系党政和谐工作的重要载体；发挥教代会、教授委员会、学术委员会等的协同能力。

学院党委相继推出"党政领导上党课""院长书记对话会""携手广富林街道、深化区域化党建"等系列活动,推动党建工作品牌化建设。目前,"党政领导上党课"已举行四讲,学院党政领导班子齐上阵,并邀请资深教授参与,通过不同的团队组合,全方位多视角地组织全院师生学习党的理论知识。在区域化党建系列活动中,学院党委与广富林街道机关党支部结对,合作达成"建地校智慧课堂,展广富林魅力"等共建项目。

教职工层面,新闻传播学院党委长期注重发挥干部队伍的主体责任意识,选齐配强支部工作班子,将优秀青年教师充实到院系党政领导队伍中,通过学习研讨、专题培训等形式,不断提高管理干部的政治素养、理论水平和工作能力;发挥基层党员带头责任意识,全面推进"本科生全员导师制"计划,使新闻传播学院教职工在学生学业、实践、社交、心理等方面发挥牵引作用;完善基层党建教育担当意识,组织基层支部开展学习教育、主题实践、主题党日等活动;科研上将专业教师纳入团队,由浅至深,有效打通资源通道,引导专业教师与思政团队就高校学生党建等开展课题研究。

学生层面,学院将学生专业实践学分与"西索新语·党建直播间"等组织生活密切关联,激发学生参与积极性的同时大力拓展第二课堂;将党建活动与志愿者项目、分团委学生会等资源平台有效糅合,对接学院特色实践活动,如"全球重大事件双语新闻报道项目""全球新闻报道暑期实践项目"等,力争实现"1+1>2"的系统化效果;大力支持学生党支部创新党建形式、拓展党建思路,为符合党建规范要求的支部活动提供资源对接与经费支持,进一步激发学生党员对党建活动的主动性与积极性;高度重视学生党员发展工作,严格把关入党流程,坚持高质量的入党教育,把优秀大学生吸纳到党的队伍中,激发党建活力。

（1）**重视理论学习,结合优秀事迹,提高党员政治站位**。为引导支部党员积极学习党的理论知识,自觉向优秀的共产党员看齐,从而提升支部党员的思想觉悟与政治站位,支部积极组织支部党员收看各类红色教育讲座及先进党员事迹视频,并鼓励支部党员积极交流所思所感,敢于对标"优秀"进行自我审视,善于发现自身不足进而将其改进。同时,支部书记结合学习要点为支部党员先后带来"不忘初心 牢记使命"主题教育、"四史"学习教育等专题党课,帮助支部党员从理论知识与历史文化中汲取砥砺前行的力量,鼓励支部党员用理论武装自己、用理论指导实际,从而达到学以致用的效果。

(2) **坚定初心使命,发挥专业所长,增强党员服务意识。** 为巩固"不忘初心 牢记使命"主题教育成果,发挥新传人的专业优势,进而增强支部党员的表率作用与服务意识,支部积极开展线上及线下的交流型组织生活会,倾听支部党员最近的思想动态并鼓励支部党员结合专业所长积极服务群众。在支部的鼓舞下,支部党员于校内外积极参与各类志愿者活动、践行好人好事;疫情期间,有的支部党员主动承担所在社区的防疫工作,有的支部党员积极参与疫情新闻的编译报道,有的支部党员自觉向亲友传递科学的防护知识与最新的疫情动态,都尽其所能为疫情防控工作献上一份力,展现党员的先锋模范作用。

(3) **丰富组织生活形式,激发青春活力,激发党员学习热情。** 为提升组织生活会的吸引力与凝聚力,激发支部党员的前进动力,从而激发支部党员的学习热情,支部主动丰富组织生活会的开展形式,广泛听取支部党员的意见和建议,在保证学习效果的前提下拓展党课以及理论学习之外的学习形式。支部尝试开展多项专题知识竞赛,运用抢答计分制以调动支部党员学习党的理论知识的积极性和主动性;组织支部党员前往影院观看爱国主义题材电影,引导支部党员传承红色基因、争做时代新人;邀请学院辅导员老师加入组织生活会与支部党员交流谈心,在答疑解惑中彼此增进信任与理解。"三会一课"决不能形式化、娱乐化,支部要严肃把握并规范开展,坚决做到效果不缩水、形式不走样。

在"多元分层式"党建工作团队的引领下,学院党委紧密结合专业设置,采取模拟直播形式,借助新闻传播学院融合媒体实验室,通过学生主播、交流访谈等形式,打造紧跟热点时政内容的"西索新语・党建直播间"。直播间以文化建设与国家软实力发展为主线,拓展专业实践课教学,引导专业教师与思政团队就高校学生党建共同开展"大政治课"实践教学,使家国情怀、思政工作、媒体使命、学院发展等内容入耳、入脑、入心,进而带动全体师生共同学习进步。为推动思政教育深入人心,直播间契合重要时间节点,现已成功开展十期活动。"西索新语·党建直播间"由此成为以高校教师与学生的视角切入,学习领会国家战略方针,传递中国声音的创新党建平台。

依托"多元分层式"党建队伍,学院针对"两学一做""不忘初心 牢记使命"主题教育、"四史"学习教育等思想政治教育,制定出"多元分层式"工作方案,由学院党委牵头部署,各层党组织逐级推进落实,致力于实现全覆盖、深层次的教育实效,引导教师党员紧密围绕加强师德师风建设、完成教学科研、人才培养工作任务等方面发挥先锋模范作用;督促从事管理和服务工作的教职工党员在加强作风建设、牢固树立全心全意为师生服务的宗旨意识、提高管理、服务能力和效率等方面发挥先锋模范作用;鼓励学生党员在加强学风建设、提升综合素质和创新创业能力、带领同学共同进步等方面发挥先锋模范作用。在各类学习教育活动中,学院领导干部坚持带头原原本本学,以此带动全院教职员工和学生党员扎扎实实学,并引导各党支部开展专题集中学习,要求全院党员结合自身实际,对照党员标准,把学习内容学深学透,坚定中国特色社会主义道路自信、理论自信、制度自信,在思想上、政治上、行动上与党中央保持高度一致。

第二节　把马克思主义新闻观融入专业学习

一、以马克思主义新闻观为统领,加强学科建设与思政教育

2013 年以来,中宣部、教育部大力推进部校共建新闻学院,强化马克思主义新闻观在新闻传播学科教育中的核心地位,力推马克思主义新闻观融

入人才培养全过程。自中华人民共和国成立以来，马克思主义新闻观不断与中国国情社情相融合，在实践中发展壮大。2016年2月19日，习近平总书记在党的新闻舆论工作座谈会上的讲话中指出，要深入开展马克思主义新闻观教育，引导广大新闻舆论工作者做党的政策主张的传播者、时代风云的记录者、社会进步的推动者、公平正义的守望者①。这是对新闻工作者的新指示新要求，也是对新闻教育的重要评估指标。新闻传播学科的建设水平，最终体现在人才培养质量上，即能否培养出忠于党和人民的新闻事业、真正推动国家发展和社会进步的优秀人才。

上海外国语大学新闻传播学院始终坚持以马克思主义新闻观为统领，引导专业课教学从课程体系设计、课堂教学开展、课外实践活动组织等一系列环节将马克思主义新闻观融入国际新闻传播人才培养的全过程。学院深入挖掘新闻传播专业各类课程、各教学环节和实践活动的思想引领和育人功能，形成各类课程及活动协同育人格局，把思想政治工作贯穿教育教学全过程，实现知识传授、能力培养与价值引领的有机统一，着力培养具有社会责任、创新精神、国际视野、专业知识、实践能力和健康身心的新时代国际新闻传播人才。学院紧密围绕立德树人的根本任务，依托"党建＋"的理念模式，重点打造"党建＋"学科建设、思政教育和实践平台。

以马克思主义新闻观统领新闻传播学科课程建设与思政教育，旨在让新传学子弄通弄懂马克思主义新闻观的核心是党性原则；弄通弄懂毛泽东思想、邓小平理论、习近平新时代中国特色社会主义思想中关于新闻工作的论述，是对马克思主义新闻观的发展；弄通弄懂习近平总书记关于党媒姓党、导向全覆盖、正面宣传为主、媒体融合发展、新闻舆论工作48字方针、"四力"要求等系列关于新闻工作的重要论述。马克思主义新闻观是马克思主义者对于新闻现象和新闻传播活动的总的看法，是党的新闻工作的总开关和工作的总遵循，也是新闻传播学类学生专业道路的"第一粒扣子"。学院

---

① 李源，秦华.习近平在党的新闻舆论工作座谈会上强调：坚持正确方向创新方法手段 提高新闻舆论传播力引导力［EB/OL］.中国共产党新闻网，2016－02－20.

坚持用马克思主义新闻观的最新成果——习近平新闻思想武装头脑,组织学院师生原原本本学理论,聚焦习近平新时代中国特色社会主义思想,涵盖马克思主义经典著作选读、党的十九大报告解读、马克思主义新闻观及重大时事新闻解析等,切实贯彻读原著、学原文、悟原理的学习方针。

学院积极将党建融入教学科研发展,针对新闻传播学科特点,深入挖掘拓展学院各类专业课程及实践活动思想政治元素,充分发挥专业课程和各项活动的思想政治教育功能;成立新闻传播学院课程思政教学改革指导委员会,负责学院课程思政建设工作的政治把关。

为探索新时代外国语院校新闻传播学科建设的新思路、新模式、新方法,加强制度建设和内涵建设,全面提高办学水平和教育质量,学院学生工作组通过走访兄弟院校,学习优秀经验,确定适用于学院发展的工作思路,在党建工作、人才培养、教学创新、科研培育、学科团队建设、实验室建设等多个方面展开调研,开展座谈并发放问卷,全力推动新闻传播学院学科建设与全国党建工作标杆院系建设。

学院广泛建设深受学生喜爱、寓思政教育于专业教学的专业课程;重点培育一批思政元素丰富、具有引领示范作用的思政示范课程;开发一批具有新闻传播专业特点的系列特色党建活动;加强师资队伍建设,普遍提升教师融通思政教育于专业教学的综合能力;培养一批具有亲和力和影响力的思政教学课程名师并打造高水平名师团队;提炼一系列可推广的思政教育课程教学改革典型经验和特色做法;形成一套科学有效的思政教育课程教学质量考核评价体系。

学院将思政教育全面融入学院入党积极分子培训班、发展对象与预备党员考察、党员组织生活会等关键环节。疫情期间,学院在关心疫情期间学生心理状况,做好重点疫区学生心理疏导工作的基础上,牢抓学生的思政教育工作。此外,学院还为毕业年级学生党员召开毕业生党员离校教育座谈会,站好每一班思政教育岗。

作为上海外国语大学新闻传播学院的党建特色品牌,"西索新语·党建直播间"肩负思政教育的使命,多次借助党课的形式,结合专业特点与融媒介技术平台优势,通过嘉宾访谈、学生记者采访等环节,带领学生党员重温入党誓词、交流先进事迹、感悟所思所得、坚定理想信念、传承上外精神,激励学生党员将上外"格高志远,学贯中外"的校训精神内化于心、外化于行,不忘初心、牢记使命,继续发扬党员的先锋模范作用,走出属于自己的精彩人生。"西索新语·党建直播间"持续跟进学习贯彻习近平总书记系列重要讲话精神,组织学生党员提升自身综合素养,培养学生的思想觉悟与创新思维。综合素养的全面提升是社会发展的一般要求和趋势,尤其是当前人类即将迈入知识经济社会,提高综合素养的需求显得尤为迫切。新传人担负着中国看世界,世界看中国的重大使命,更应自觉提高综合素质,多听多看多思考,明辨是非,抓住机遇,敢于尝试;厚植爱国主义情怀,胸怀大局、心有大我,将自身的前途命运同国家的前途命运紧密联系,始终心系祖国。新时代的大学生不仅要乐于学习、勤于学习、善于学习,还要努力实现"德智体美劳"全面发展,自觉弘扬践行爱国精神,不忘初心、牢记使命,开拓创新、无私奉献,在祖国最需要之处艰苦奋斗。

为引领师生从中国新闻观思想发展历程的角度深入学习马克思主义新闻观,学院探索"马克思主义新闻观在校园"专题活动,邀请到中国人民大学荣誉一级教授陈力丹老师为学院学生开展主题为"将习近平'以人民为中心的工作导向'要求落实到新闻实践中"的讲座。习近平总书记在党的新闻舆论工作座谈会上的重要讲话中提出了"三个坚持",即党的新闻舆论工作要适应国内外形势发展,从党的工作全局出发把握定位,坚持党的领导,坚持正确政治方向,坚持以人民为中心的工作导向①。习近平总书记提出的"三个坚持"为党的新闻舆论工作乃至全党工作指明了方向,需要认真学习深刻领会,并在实际工作中加以全面贯彻。

作为外语类知名院校,上海外国语大学致力于培养国际化人才,其教育

核心必然离不开马克思主义新闻观。新闻传播学院要坚持以马克思主义新闻观为统领的国际新闻传播教育,使学生在具备国际视野的同时坚定中国立场。讲座上,陈力丹教授循着历史的脉络,追溯了历届党的领导人对于党性和人民性的一致性理念,在理论上正本清源,同时批判了部分媒体在实践中的一些错误导向和做法。党性和人民性从来都是一致的、统一的。坚持党性,核心就是坚持正确政治方向,站稳政治立场,坚定宣传党的理论和路线方针政策,坚定宣传中央重大工作部署,坚定宣传中央关于形势的重大分析判断,坚决同党中央保持高度一致,坚决维护中央权威。坚持人民性,就是要把实现好、维护好、发展好最广大人民根本利益作为出发点和落脚点,坚持以民为本、以人为本,树立以人民为中心的工作导向,把服务群众同教育引导群众结合起来,把满足需求同提高素养结合起来,多宣传报道人民群众的伟大奋斗和火热生活,多宣传报道人民群众中涌现出来的先进典型和感人事迹,丰富人民精神世界,增强人民精神力量,满足人民精神需求。在马克思主义新闻观的指导下,新闻传播学院的师生应着重学习习近平总书记"要构成新范畴,新概念,新表述①"的理念,思考如何建立新形势下对外传播的语言和思维模式,做好"看不见的宣传"。

　　学院教师主讲"英语特写采访与写作"等慕课,教授新闻的结构和逻辑、写作技巧以及纯正的外语表达,致力于通过提供浸入式阅读体验,用外语向世界展示一个完整而真实的中国,消除文化差异导致的种种误解,讲好"中国故事"。疫情期间,学院还举办多场线上思政讲座,以深化学院师生对增强党的政治建设的认识,树立远大新闻理想;组织学习习近平总书记重要讲话精神,带领学生全面理解、准确把握讲话的精神实质和丰富内涵,将思想和行动统一到讲话精神上来,引领青年一代把个人的成长发展融入祖国繁荣复兴的伟大浪潮中去;召开"四史"学习教育动员部署会,引导师生党员知史爱党、知史爱国、知史奋进,感悟信仰之力、理想之光、使命之艰、担当之

---

　　① 华政.打造带有中国印记的新概念新范畴新表述[EB/OL].新华网,2017-01-12.

要,把"四史"学习教育更好地统一到学思践悟习近平新时代中国特色社会主义思想的高度上来;开发思政课程链系列公开课,从英国工人运动与工人报刊、欧盟各国广播电视体系等角度将知识、能力和价值观教育相结合,强调以价值引领为根本,以知识传授为线索,以能力发展为目标,带领学生深入领会马克思主义新闻观,成为上海外国语大学推进课程思政教育教学改革的重要举措之一。

今后,新闻传播学院将继续以马克思主义新闻观为指导,结合"四史"学习教育,积极推进一流新闻传播学院建设,为加快推进中国特色世界一流大学建设而不懈奋斗,在学思践悟中坚定理想信念,在奋发勇为中践行初心使命,做好大学生的政治领路人,为国家的发展和腾飞贡献新传智慧和力量。

二、专业实践出真知,推进高质量新传人才培养

新闻传播学院各专业均具有较强的实践特色,学院在教学资源配置和硬件设施上投入巨大。学院建立了配备先进器材、软件的实验中心,下有三个国家级实验室("国家级实验示范中心",教育部"网络与新媒体实训基地",教育部合作框架下的"上外——IBM 大数据分析中心")、MOOC 制作中心、多媒体教室、多媒体机房、广播电视实验室、苹果 3D 设计机房等。经过长期的开发与发展,学院已拥有丰富的学生实践和品牌活动,如"全球重大事件双语新闻报道项目""全球新闻报道暑期实习项目"、校园媒体《新传快递》、校友平台,并且每年举办广告大赛、摄影大赛、主持人大赛、戏剧节等多元的学生活动,还定期组织学生赴各地开展考察调研、组织媒体参观活动。此外,学院长期与国际传媒业界保持密切联系,积极建设校外实习实践基地,目前已签约的合作单位包括新华社、中国日报、东方网、东方广播中心、上海外语频道、上海日报等多家媒体单位,致力于引导学生了解社会,提升学生的社会责任感,培养学生的服务意识。

2018 年,上海外国语大学新闻传播学院与分众传媒集团合伙人、首席战略官陈岩女士共同开启"陈岩媒体创新研究工作室"项目,致力于组织学术

讲座,并搭建更广阔的学生实践平台。在融媒体发展的时代趋势下,上外新传学院以成立"陈岩媒体创新研究工作室"为契机,迈出广告、广电、新闻、网络与新媒体等专业新发展的第一步,以提升学生的专业素养,并帮助学生将理论有机地融入社会实践中,真正成为业界所用的人才。

2019年,新闻传播学院迎来学院第一届专硕学生。由于学制年限,专硕学生不仅要在两年内完成专业知识的学习,并且要兼顾实践能力的锻炼。为此,学院推出"双导师制",在为学生配备学术导师的基础上,邀请来自业界一线的精英导师共同带领专硕学生的学习培养,积极鼓励导师和学生一起投入产学研工作、开展项目,真正落实理论联系实际的培养方针。

新闻传播学院结合新闻传播学专业实践,为党育人、为国育才,有助于培养一批政治立场坚定、国际知识丰富、外语水平突出、传播实践能力过硬的新闻传播人才。为促进专业实践与党建思政结合,学院推出多项实践活动,推进高质量新传人才培养。

（一）"西索新语·党建直播间"出校园

"西索新语·党建直播间"出校园系列实践活动的第一站为复旦大学新闻学院,主题为"学习习近平总书记1·25重要讲话精神,做顺应媒介融合趋势的复合型人才"。在学院辅导员郑涵一老师的带领下,学生主播与拍摄团队现场随机采访了数名来自六所部校共建高校新闻学院的学生,以了解受访者对于媒介融合的理解。党的十八大以来,以习近平同志为核心的党中央高度重视传统媒体和新兴媒体的融合发展。上海外国语大学长期致力于培养复合型人才,而新闻传播学院也一直紧随时代潮流,不断聚焦新媒体发展,为新闻界输送了许多优秀的新闻工作者。直播间还采访了上外新闻传播学院院长郭可教授与副院长陈沛芹教授。郭可教授表示,融媒体背景下的新闻传播学人才培养应具备三种基本要求,即政治素养、专业知识与兴趣爱好。学生不仅需要热爱祖国、明辨是非,更需要具备与时俱进的创新精神和技术支持,而对新闻的热忱更能保持新传人对真相的不断追求,使学院真正做到"薪火相传"。陈沛芹教授表示,融媒体时代的党报记者,不仅要重视

"西索新语·党建直播间"走出校园,来到复旦大学新闻学院

直播间采访人民网总裁叶蓁蓁

新闻产品内容的质量,还需要注重新闻产品的形式,更要注重受众的用户体验,尝试转型为全媒体记者。与其他高校相比,上外学子在国际新闻领域具备得天独厚的优势,对外媒新闻的理解更加深入透彻,或将为中国融媒体时代的新闻发展提供新思路。

直播间在复旦校园进行采访

2019 年 12 月,学院 9 名研究生党员在专业教师的带队下,跟随《中国日报》《人民日报》、新华社、《经济日报》等中央主流媒体前往会昌开展"西索新语·党建直播间——脱贫攻坚看会昌"主题党日活动,续写直播间出校园系列实践活动,分别就"红土地上结'金果',会昌橘柚又飘香""贝贝小南瓜 致富大产业""新时代文明实践 涵养好乡风汇聚正能量"三个选题进行采访。通过和央媒记者一同深入基层、走访项目,俯下身、沉下心,聚焦会昌农工旅融合发展的生动实践,学生切实感受脱贫政策给乡村带来的巨大变化,亲身领略中国人民在致力脱贫发展中奋力争先的拼搏精神,以实际行动贯彻落实"不忘初心、牢记使命"主题教育。

直播间走出校园，前往江西会昌进行脱贫攻坚调研

学生党员来到乡间地头开展实践调研

学生深入当地村民中进行采访

借助上海市委宣传部与上外共建新闻传播学院的契机,"西索新语·党建直播间"将不断创新形式,丰富内容,将党建工作与专业实践相结合,创新传播方式,讲好中国故事。

(二)"Walk With Me"社会实践项目

为将社会实践打造为一堂生动的党课,学院选拔社会实践骨干学生,组建"Walk With Me 团队",探寻沪上红色记忆,传承红色精神与中华文化。"Walk With Me"社会实践项目进一步提高学生理论联系实际的水平和对于党的路线和政策的理解把握,并探索党建思政与专业实践相结合的西索道路。

(1)**再访先人足迹,探寻红色记忆。**"Walk With Me"社会实践项目组为探寻沪上红色记忆,再访了爱国志士的足迹,前往鲁迅故居、茅盾故居、瞿秋白故居、鲁迅公园和内山书店,在时空的重叠交错中体味家国情怀与爱国主义。

　　鲁迅故居是鲁迅先生在上海的最后一处居所。由于故居内保留了许多鲁迅先生生前使用的家具和物品,故居的还原度很高。在这里,鲁迅先生与其爱人许广平共度了人生最快乐的十年。茅盾故居和瞿秋白故居距鲁迅故居都很近。瞿秋白曾参加党的三大到六大,当选中央委员、中央局委员、政治局常委。在1931年1月中共六届四中全会上,遭王明等人打击,被解除中央领导职务。此后,在上海同鲁迅一起领导左翼文化运动,1935年6月18日于福建长汀罗汉岭英勇就义。鲁迅公园内的鲁迅墓是全国重点文物保护单位,1956年鲁迅逝世20周年时,鲁迅墓由万国公墓迁葬于此。梅园是鲁迅公园内的园中园,是为了纪念舍生取义炸日寇的韩国英雄尹奉吉义士而修建的。山阴路新华书店的前身便是大名鼎鼎的内山书店,由鲁迅先生的日本好友内山完造开设。1934年11月30日,萧军与萧红在此首次与鲁迅先生会面。当时,鲁迅已被国民政府当局通缉四年,其住址不便公开,信件一律由内山书店转交。会面中,萧军和萧红讲述了东北沦陷后的生活,鲁迅也介绍了上海的斗争局势和左翼作家遭受的迫害,三人由此结缘。在特殊年代,内山书店为爱国文人们提供了珍贵的联结。

　　(2) **阅上海历史,看中国未来。**"Walk With Me"社会实践项目组通过行走上海,阅读上海,探访四行仓库抗战纪念馆与上海城市规划展示馆,不仅重温了国家涅槃重生的历史,而且见证了中国一路崛起的发展历程。

　　1937年10月26日至11月1日,一场空前惨烈的家国保卫战打响于现存的四行仓库抗战纪念馆所在地,它的结束标志着中国抗日战争中一场重大战役——淞沪会战的结束。参加这场保卫战的中国战士被称为"八百壮士",他们顽强抵御了日军的多番进攻,掩护国民革命军八十八师及其他国民革命军向西撤退,这场保卫战的胜利重振了因淞沪会战受挫而下降的中国军民士气。2017年12月2日,四行仓库入选"第二批中国20世纪建筑遗产"。

　　上海城市规划展示馆全面展示了上海城市规划与建设成就,充分彰显了"城市、人、环境、发展"的展示主题,被市民誉为"城市之窗"。馆内采用大量高科技手段来展示城市未来蓝图。

（3）**助力城市发展,垃圾分类在行动。**"Walk With Me"社会实践项目组为实地了解城市垃圾分类的开展情况,并助力推广垃圾分类知识,对校园师生和附近居民进行随机采访。通过采访,社会实践项目组借助专业优势,不仅获悉了受访者对于垃圾分类政策的理解和态度,还获得了受访者对垃圾分类实施开展的意见和建议,为学院推进垃圾分类管理提供了崭新视角。

第三节　把马克思主义新闻观融入职业生涯教育

一、增强思政教育力度,提高师生党员的社会服务意识

上海外国语大学自 2017 年起,连续三年入选上海市课程思政教育教学改革"整体试点校",于 2018 年年底实现全校所有外语语种专业课程思政试点工作全覆盖,2019 年实现思政课程在所有院系、所有专业全覆盖,在润物细无声中将价值观引导融入知识传授和能力培养中,深化课程思政教育教学改革,培养思想素质过硬的卓越国际化人才。新冠肺炎疫情发生以来,上海外国语大学课程思政的力量更是从课本中走出来,灌注于社会实践——全校千余名师生运用专业特长为抗击疫情贡献力量:翻译防疫物资往来文件、各类政府新闻发言文稿,抑或是将我国抗疫经验翻译成多种语言助力他国抗疫;编撰千余篇有关各国疫情动态与分析的文章……上外师生借助专业优势和语言特长,架构起一座座连接中外的桥梁,成为闪耀在各个领域的"上外名片"。近年来,上外提出"课程链"理念,从聚焦单门课程到打造多门课程"串联"而成的"课程链",充分发挥多门课程协同育人效应。

在学校党委的统一领导下,新闻传播学院坚持以马克思主义新闻观为统领,引导专业课教学从课程体系设计、课堂教学开展、课外实践活动组织等一系列环节将马克思主义新闻观融入国际新闻传播人才培养的全过程。新闻传播学院主动而为,以社会服务对接国家战略,不仅积极对接中宣部的

国际舆情直报工作,而且深化与《中国日报》、上海市委宣传部的部校共建,形成对接国家和上海的社会服务体系和平台,发挥上外的多语种语言优势,致力于国际舆论和国际传播相关话题的研究,尤其是全球各国媒体的涉华新闻报道研究,力争在科学研究上提升层次,在承担国家重大项目、服务国家战略需求上再创佳绩。

（1）**党建＋智库建设,贡献上外智慧**。2015 年,由学院舆情分析专家、多语种专家、计算机与数据处理专家三个团队共同组建的学院国际舆情中心入选中宣部舆情信息工作直报点,学院组织并鼓励党员教师对接国家战略,承担社会服务责任,聚集国际新闻传播研究的骨干力量,依托新闻传播学科优势研究国家大政方针与国际舆情,组建服务于中宣部舆情工作的核心团队。舆情中心以开放协同的理念,建立跨学科、跨语言的舆情工作平台,整合全校区域国别研究相关学科和人才资源,通过科研项目与多语种教师和专家合作,打造了强大的多语种舆情分析核心团队。

（2）**服务国际活动,助力国际传播**。学院积极参与并推动新闻传播学科发展,力争讲好中国故事,传递中国声音。

2018 年 6 月至 7 月,中宣部组建的首届"一带一路"媒体研修班在上海外国语大学开班,来自"一带一路"沿线 12 个国家的 13 家媒体资深记者参加;2019 年 5 月,第二届"一带一路"媒体研修班在上外开班,来自"一带一路"沿线 18 个国家的 19 位资深记者参加。外国记者通过学院专家讲课、学生志愿者讲解、实地参观走访等形式全面了解新时代中国经济社会发展成就,用第三只眼深刻认识中国;学院积极选派学生加入中国国际进口博览会志愿者队伍,以极高的专业度和积极性在安全保卫组、新闻宣传组、校内联络组等岗位发光发热。

（3）**贯彻立德树人使命,推进课程思政建设**。2020 年 5 月,教育部印发《高等学校课程思政建设指导纲要》,并于 6 月组织召开"全面推进高等学校课程思政建设工作视频会议",全面部署"高校课程思政建设干什么、怎么干、谁来干"的工作。为深入贯彻落实教育部关于高校课程思政建设的指示与部署,新闻传播学院组织全院教师大会,在学院党委书记的带领下学习《高等学校课程思政建设指导纲要》的全文精神。

全面推进课程思政建设是落实立德树人根本任务、有效开展大学生思政工作的重要举措,也是全面提高人才培养质量的重要任务,学院党委高度重视课程思政建设工作。习近平总书记对新时代思政课教师提出"六个方面素养"的总要求,即"政治要强、情怀要深、思维要新、视野要广、自律要严、人格要正",要求教师找准自己的"角色"、上出自己的"特色",提高课程思政的针对性和实效性。学院鼓励全院教师将中国故事、中国精神、中国声音结合专业课的教学内容,提升学生的制度自信、文化自信与道路自信。同时,要把"四史"学习融入专业课程教育,更好地挖掘专业课程中育人元素,充分展现专业课程思政的育人功能。学院要对标国家"双一流"建设要求,构建更高水平的人才培养体系,将课程思政建设成效作为"双一流"建设监测与成效评价、学科评估、本科教学评估、一流专业和一流课程建设、专业认证、"双高计划"评价等重要参考内容,推进新闻传播学科的建设和发展,让所有学生都有所悟、有所获。新闻传播学院致力于增强全院教师的课程思政意识、促进课程思政建设、形成课程思政良好氛围、助推"课程思政"与"思政课程"同向同行,切实贯彻落实立德树人根本任务,构建全员全程全方位育人格局,推动课程思政内涵式发展,培养一批政治坚定、业务精湛的新闻人。

(4)**创新教学模式,对接新闻业界**。疫情期间,新闻传播学院充分利用国际新闻传播学科教学与研究的特点,发挥网络在线教学与实践的优势,积极探索研究型课程、实践型课程在在线教学中的应用,实现与新闻业界无缝对接。

特殊时期,线上教学需要实现以教师讲授为主转变为学生主动参与的模式,在教学中突出研究、突出实践。新闻传播学院院长郭可教授积极带领学院教师探索在线教学模式。针对研究型课程的特点,郭可教授探讨新的教学方案,引导学生结合课前阅读材料进行在线交流、发言,通过直播进行课堂点评,助推学生将教学内容和课前阅读材料融会贯通;将教学内容与当下时事热点话题相结合,将思想政治教育与课程教学结合,有效吸引学生积极参与并开展自我学习和反思。

为做好实践教学,学院聘请资深传媒人连清川担任业界指导老师。在连清川老师的悉心指导下,学生的数据新闻作品、深度报道分析作品等课程作业作为国际新闻报道作品在澎湃、腾讯、今日头条平台上发表了数十篇,引起了较大的社会反响。学生在课程学习和专业实践中更为深入地了解了新闻人的使命与担当,进一步提高了社会服务的意识与服务社会的能力。

(5)青春战"疫",新传在行动。新冠肺炎疫情发生以来,习近平总书记多次作出重要指示,并在给北京大学援鄂医疗队全体"90后"党员回信中亲切勉励青年:"让青春在党和人民最需要的地方绽放绚丽之花"。为响应习近平总书记的号召,回应习近平总书记的殷切期盼,上海外国语大学新闻传播学院广大学子或投入线下社区活动,或发挥自身专业优势参与各种线上抗疫活动,以青春战"疫",尽显新传担当。

新传学子积极发挥专业优势和语言特长,做到社会服务不掉线,积极投身翻译工作,参与上海市静安晹昇创益青少年发展中心"翻'疫'官"等项目,以一腔热血投入到相关文件的外语翻译与校对工作中,在不同地区、不同语言之间架起一座桥梁,做好及时的宣传工作;充分发挥多语种国际新闻的专业优势,积极参与澎湃新闻国际部的稿件编译工作,实时关注全球疫情的最新进展,国际媒体原稿涵盖英、日、俄、德、法、西、阿、韩8个语种,对新闻价值与引导产生更多思考;投身心理志愿者队伍,加入"抗疫信息对接工作组"等公益活动,参与测试心理平台及心理测评工作;借助网络新媒体,参与 Fight COVID 等志愿者组织,负责外语字幕审校与视频后期,通过制作面向海外的科普视频向世界传递中国疫情的真实情况,打破国外不实报道的谣言;参与运营中华全国青年联合会旗下公众号——环球伙伴 Global Partnership、"nCoV 疫情地图"等新媒体;成为防疫知识传播员,自觉向身边亲友宣传防疫的相关知识、教会他们辨清事实与谣言,参与物资筹集,创作防疫视频海报等。面对疫情,新传学子不仅做到"不给社会添麻烦",更充分利用自己的专业优势为社会服务,积极响应习近平总书记的号召,投身于线上线下的各项抗疫志愿者活动,在能力所及之处发光发热。

二、依托学院平台资源,培养立足国情、心怀世界的新传视野

为培养新传学子"小我融入大我,青春献给祖国"的家国情怀与服务意识,新闻传播学院积极搭建合作项目,拓展平台资源,大力打造高素质、高质量的新闻传播类人才,在夯实学生专业水准的基础上,培养他们立足国情、心怀世界的新传视野。

(一)媒体精英训练营

上海外国语大学与中国日报社合办的"一带一路"媒体精英培训班为新传学子近距离认识新闻业界提供了绝佳的窗口。每年暑期,新闻传播学院选送多位优秀学生赴央视 CGTN、新华社、澎湃新闻等主流媒体单位进行暑期实习实践活动。新传学子在将校内所学的理论知识应用到实践的过程中积累了宝贵经验,亲身参与选题、讨论、准备、采访、制作、播出等环节,在带教老师的悉心教导下,真正感受主流媒体的新闻生产与运作,体会新闻标准与新闻理想,增强社会责任感,坚定未来的职业理想,始终以专业标准要求自己,为未来的媒体职业道路做铺垫。凭借专业优势和语言特长,新传学子依托学院平台资源,秉持"联接中外、沟通世界"的理念,讲述中国故事,传播世界动态。

(二)背包记者团

上外背包记者团是上海外国语大学新闻传播学院的传统实践项目之一,要求学生不仅精通一种媒体形式的写作,同时要将报纸、广播、电视、新媒体写作全部纳入融合平台;组织学生潜心钻研与对外传播相关的新闻规律,放眼全球勇于实践,把握国家政策方向,以卓越的思维能力与前瞻视野在中国与其他国家关系发展中贡献力量。假期期间,新闻传播学院积极动员学生赴英国、俄罗斯、意大利等国开展"背包记者团"全媒体实践活动,力图培养精通外语及专业技能的复合型外宣人才。在对外传播中,要摸清受众的心理,运用受众能理解的语言表达方式,讲好中国故事,传递中国声音。

新传学子在实践中完善人格，成就自我，诠释上外精神，不负青春年华，体味个人成长和团队合作的重要性。背包记者团发表的多篇中英报道获《新民晚报》、凤凰网等主流媒体平台刊登，并在微博、微信等社交平台上获得广泛转发和关注。

背包记者团前往武汉火神山、雷神山进行实践调研

背包记者团前往武汉进行实地调研

学生党员赴江西会昌重走红军长征路

无论是在国内主流媒体,还是远行海外交流,上外新传学子都彰显了专业的新闻与外语素养以及"小我融入大我"的奉献精神。

(三)疫情专题党课

疫情期间,上海外国语大学新闻传播学院与德语系联合召开"全球疫情与大学责任和使命"专题党课,邀请校党委书记姜锋担任主讲。姜锋书记总结了中国短期成功遏制疫情的四大要素:一是统一指挥、全力以赴的政治制度;二是全国人民众志成城的社会基础;三是社区广泛落实的基层组织能力与网络;四是充足的医疗物资供给。

姜锋书记指出,在这场"抗疫战"中,语言和话语的责任是十分重大的,上海外国语大学作为一所语言特色高校肩负着更大的责任和使命。一方面,上外积极支持抗"疫"第一线,截至 2021 年 3 月中旬,已有 1 100 多名师生自发报名上海涉外防疫储备志愿者,协助市外办开展涉外书面翻译、在线翻译服务、涉外防疫事项传播等运用外语特长开展的工作。同时,也有很多上外学生走进社区,为家乡"战疫",服务人民,在中国版图的各处发光发热。另一方面,上外致力于智力服务抗"疫",众多上外学者、老师积极发表学术文章,从全球治理等多种角度深入剖析此次疫情。高校智库通过撰写专报要报,为治国理政提供支撑,发挥智库作用,服务国家战略需求。针对此次疫情中出现的部分不实言论和偏见,姜书记强调,面对纷繁复杂的舆论,要非理勿信,非理勿言,非理勿传,非理勿转。上外学子要充分利用"外语红利",面对网络和自媒体上的不实信息,要追溯原文,不轻信断章取义的言论。

(四)党员离校教育座谈会

为进一步推进"四史"学习主题教育,激励全体毕业生党员坚定理想信念,锤炼意志品质,做合格党员,新闻传播学院召开毕业生党员离校教育座谈会,主题为"在学思践悟中坚定理想信念 在奋发有为中践行初心使命"。学院领导和毕业生党员齐聚一堂,共话新时代青年党员的理想与信念、初心与使命。

会议伊始,学院党委书记带领全体党员同志重温了入党誓词。铿锵誓言,使每一位党员再一次接受了深刻的党性教育和灵魂洗礼,进一步激励他们在今后的学习与工作岗位上不忘初心,牢记使命,切实发挥共产党员的先锋模范作用,积极投身社会,服务国家。专职组织员王璨苑老师就毕业生党员党组织关系转接流程向全体党员同志进行了讲解,强调了党组织关系转接的重要性以及注意事项,叮嘱毕业生党员强化党员意识和组织观念,杜绝出现"口袋"党员、"失联"党员等现象。党委副书记胡正明号召全体毕业生党员始终心系母校,不忘初心,铭记党员身份,带着责任感与使命感踏入人生下一阶段,把自己的个人理想追求与整个中华民族的命运结合起来,努力实现青年共产党员的责任与担当,在各自的工作岗位上发光发热,为党旗添彩,为母校争光。学院党委书记寄语毕业生党员要锤炼品德修为,厚植家国情怀,践行青年担当,磨砺出彩青春。她指出,全体毕业生党员要在学思践悟"四史"中,不断坚定理想信念,要胸怀理想、志存高远,加强学习、增长才干,只争朝夕、不负韶华,对国家和社会多做贡献。新传毕业学子在今后的工作生活中,将铭记党的宗旨,永葆共产党员政治本色,心怀理想,报效祖国,争做一名优秀的共产党员。

习近平总书记指出,要加快培养造就一支政治坚定、业务精湛、作风优良、党和人民放心的新闻舆论工作队伍①。习近平总书记勉励广大新闻工作者坚持正确政治方向,做政治坚定的新闻工作者;坚持正确的舆论导向,做引领时代的新闻工作者;坚持正确新闻志向,做业务精湛的新闻工作者;坚持正确工作取向,做作风优良的新闻工作者。随着现代信息传播技术迅猛发展,宏观层面的传播格局和微观层面的产品形式都发生了深刻变化,然而新闻事业的本质属性和新闻活动的内在规律并未发生根本变化,因此马克思主义新闻观的基本原理和核心论点仍然适用,对现代新闻事业发展仍具有较强的指导意义。作为党的喉舌,社会的瞭望哨,优秀的新闻工作者必须深入群众,不断向人民群众学习,体察国情民情,将马克思主义新闻观贯穿到新时代中国特色社会主义的新闻实践中,坚持实事求是的原则,尊重事实,尊重规律,客观、全面、公正地报道事实,少一些结论和概念,多一些事实和分析,少一些空泛说教,多一些真情实感,少一些抽象道理,多一些鲜活事例,推出一批有思想、有温度、有品质的新闻作品。进入数字传媒时代,海量信息真假难辨,出现少数新闻工作者过于追逐经济效益而不顾社会效益、规避舆论监督等问题,新闻工作者需要坚持实事求是的原则,深入调查研究,到现场一线采访跟踪,保证新闻的真实性和时效性。同时,新闻工作者要充分学习运用新技术创新传播方式,传递党和人民群众的声音,将党的方针政策及时准确地传递至人民群众。

新传人不仅要秉持"记录事实,传递真相"的初心,还要牢记"讲好中国故事,传递中国声音"的使命,以新时代中国特色社会主义思想为指引,坚持新时代习近平新闻舆论思想原则,始终高举马克思主义、中国特色社会主义

---

①　苏梁波,李习文.培养造就让党和人民放心的新闻舆论工作队伍[N/OL].解放军报,2018-07-11(007).

伟大旗帜,坚持党对意识形态工作的全面领导,加强新传人的政治素质、思想水平、道德修养,始终坚持党性和人民性的统一,把正确的政治方向放在舆论工作的首位,把党性原则作为新闻舆论工作的根本原则,在深入基层中练就强劲的脚力,在日常生活中练就敏锐的眼力,在勤学深思中增强脑力,在书写时代中练就不凡的笔力,真正肩负起新时代新闻人的使命。

参考文献

———★——————★——————★———

[1] 陈建云.马克思主义新闻观与西方新闻理念的根本区别[J].社会主义研究,2011(03):6-11.

[2] 陈力丹.马克思主义新闻观思想体系[M].北京:中国人民大学出版社,2006.

[3] 陈信凌.马克思主义新闻观教学的现实指向[J].青年记者,2019(7):64-65.

[4] 丛亮.融媒体时代高校思想政治教育工作面临的挑战及应对[J].思想理论教育,2019(11):82-85.

[5] 丁汝新.谈如何加强优秀传统文化教育、提升大学生核心素养[J].才智,2020(03):32-33.

[6] 董苏椰.基于上海市高校马克思主义新闻观教育的受众研究[D].上海:上海师范大学,2019.

[7] 范敬宜,李彬.马克思主义新闻观十五讲[M].北京:清华大学出版社,2007.

[8] 费再丽,陈锦宣.论新闻传播类专业实施"专业思政"的几个着力点[J].传媒,2020(11):87-89.

[9] 高海珍.为保卫和发展中国特色新闻学鼓与呼——专访中国人民大学新闻学院教授郑保卫[J].新闻与写作,2015(06):63-66.

[10] 桂渝芳.加强新闻理论课教学互动性的思考——以《新闻学概论》《广播电视概论》课为例[J].新闻知识,2014(02):91-92+30.

[11] 贺心颖.马克思主义新闻观指导下的新闻传播史论与实践教学模式改革[J].教育教学论坛,2020(16):53-56.

[12] 胡锦涛在人民日报社考察工作时的讲话(2008年6月20日)[J].新闻知识,2008(07):3-4.

[13] 胡钰,陆洪磊.马克思主义新闻观教育的创新思路研究[J].新闻与传播研究,2018,25(11):5-17+126.

[14] 黄宗良,项佐涛.以改革开放史为中心融合"四史"认识中国共产党、中国特色社会主义[J].中央社会主义学院学报,2021(02):38-49.

[15] 季为民.新闻道德、新闻伦理相关概念的溯源与解析[J].新闻与传播研究,2017,24(12):108-120.

[16] 姜飞.中国国际传播中的智库角色定位[N].中国社会科学报,2020-05-19(001).

[17] 姜圣瑜.用马克思主义新闻观统领新闻教学的实践与思考[N].江苏教育报,2020-04-03(007).

[18] 姜铁英."智库+外宣"深度融合 高质量服务国际传播[J].国际传播,2020(01):17-23.

[19] 赖新芳,应红艳.新闻专业理论教学与实践教学互动体系建构[J].长江大学学报(社科版),2014,37(03):180-181.

[20] 雷跃捷,张馨方.习近平新闻舆论思想对马克思主义新闻观的新发展[J].青年记者,2018(07):16-18.

[21] 李文冰.新闻传播学学科建设的三点思考[N].中国新闻出版广电报,2017-04-25(008).

[22] 刘丽.深化马克思主义新闻观教育的三个路径[N].安徽日报,2016-05-23(007).

[23] 刘云山.着力培育和践行社会主义核心价值观[J].党建,2014(02):21-24.

[24] 罗志刚,涂笑宇.高校新闻院系马克思主义新闻观教育现状及提升路

径——基于11所高校新闻院系的实证分析[J].湖北社会科学,2019
(12):167－172.

[25] 马胜荣.必须加强马克思主义新闻观的教育[J].中国记者,2001(3):
20－21.

[26] 莫文.信息碎片化时代大学生的媒介素养[J].青年记者,2016(035):
23－24.

[27] 秦雪冰,姚曦.做好新闻传播教育课程思政的三个维度[N].光明日报,
2019－07－02(15).

[28] 任少华."微媒介"背景下思想政治教育研究[J].教育理论与实践,2015
(22):48－51.

[29] 孙继昌.理论联系实际授课是专业课教师的基本功[J].统计教育,1998
(5):13－13.

[30] 童兵.党性原则和社会主义报刊的多样化[J].新闻与写作,1991(12):
24－25.

[31] 童兵.马克思主义新闻观读本[M].上海:复旦大学出版社,2016.

[32] 童兵.新中国70年来马克思主义新闻观发展历程和未来走势[J].新闻
大学,2019(10):1－16＋123.

[33] 吴頔.新时代高校思想政治教育学科建设研究——评《思想政治教育学
科建设研究》[J].新闻爱好者,2019(12):118－119.

[34] 吴雷鸣.融媒体时代高校思想政治教育工作有效性探究[J].传媒,2021
(14):84－87.

[35] 县祥.当代中国国家形象构建研究[D].成都:西南财经大学,2011.

[36] 杨保军.论"新闻观"[J].国际新闻界,2017,39(03):91－113.

[37] 游春嫦.媒介素养教育的起源与实施[J].新闻爱好者(理论版),2008
(11):22－23.

[38] 袁贵仁.价值学引论[M].北京:北京师范大学出版社,1991.

[39] 张峰.马克思主义新闻观中国化研究[M].上海:上海人民出版社,2019.

［40］张华志.马克思主义新闻观的丰富和发展［N］.学习时报,2017－10－30
(004).

［41］张丽伟.新媒介环境下高校思政教育的"时度效"［J］.传媒,2020(7)：
84－86.

［42］张勇锋.马克思主义新闻观的时空逻辑［N］.中国社会科学报,2020－
06－18(003).

［43］赵福妹.媒介融合时代我国本科新闻教育的现状与发展研究［D］.上海：
上海师范大学,2019.

［44］郑海鸥,王珏.部校共建新闻学院是一盘好棋［J］.青年记者,2014
(27):87.

［45］郑丽香.翻转新闻课堂的趣味互动模式初探［J］.吉林工程技术师范学院
学报,2015,31(04):46－47.

［46］闫志民.中国特色社会主义理论发展史［M］.北京：人民出版社,
2012:543.

［47］钟卫华.思想政治理论课在大学生文化素质教育中的重要作用［J］.长春
工业大学学报(高教研究版),2010(01):82－84.

［48］周浩集.新时代党的建设重要论述的价值意蕴［N］.中国社会科学报,
2020－07－01(012).